Trabajo de investigación para la obtención del Diploma de Estudios Avanzados (DEA)

UNIVERSIDAD COMPLUTENSE DE MADRID
Facultad de Ciencias Físicas
Departamento de Física de la Tierra, Astronomía y Astrofísica II

ESTUDIO DE NUBES CONVECTIVAS LIGADAS A UN SISTEMA FRONTAL MEDIANTE IMÁGENES EN EL CANAL *IR* DE METEOSAT

Elaborado por: José Fenollar Moncho
Dirigido por: Dr. D. Gregorio Maqueda Burgos

AGRADECIMIENTOS

Expreso mi agradecimiento al Dr. Gregorio Maqueda por su ayuda, apoyo y seguimiento en la elaboración de este trabajo de investigación. A Kiko por la ayuda y los consejos relacionados con los programas informáticos, cuyos consejos han sido de gran ayuda para la realización del estudio. A Margarita por su compañerismo y amistad. Al Departamento de Física de la Tierra II de la Universidad Complutense de Madrid por darme la oportunidad de realizar este proyecto.

A Mª Pilar por sus ánimos, apoyo y ayuda en la realización este trabajo.

ÍNDICE

1. INTRODUCCIÓN

El estado atmosférico del Mediterráneo occidental y de la Península Ibérica está afectado por el movimiento de depresiones generadas en el Océano Atlántico o en el noroeste de Europa. Las depresiones ocurridas en áreas específicas de la región mediterránea han sido tema de una extensa investigación climatológica (Maheras 1979, 1983, 1988a; Katsoulis 1980; Prezerakos 1985; Flocas 1988; Kassomenos *et al.* 1998). En estos estudios, las depresiones fueron identificadas y clasificadas utilizando mapas sinópticos básicos.

El Mediterráneo central está afectado por depresiones en la circulación del viento del oeste así como, al mismo tiempo está influenciado en gran parte por circulaciones meridionales y depresiones formadas sobre el mediterráneo occidental y central o sobre el desierto del Sahara. La circulación meridional es el factor principal que gobierna la mayoría de las precipitaciones sobre el conjunto de la cuenca mediterránea (Maheras 1988a, b; Maheras *et al.* 1992).

Por medio de imágenes obtenidas de satélites se han podido estudiar mejor estos mecanismos atmosféricos. Así, se han realizado clasificaciones de nubes (Rao *et al.* 1990) así como una identificación de frentes (Rao *et al.* 1990; Bader *et al.* 1995). También en los últimos años se han aplicado diferentes técnicas para la identificación y clasificación de la cubierta nubosa por medio de estas imágenes. Cabe citar el método con umbrales (Karlsson y Liljsa, 1990), técnicas estadísticas (Debois *et al.* 1982; Seze *et al.* 1986) y técnicas basadas en redes neuronales (Ebert 1987; Welch 1988; Key y Barry 1989; Key 1990; Welch y Sengupta 1992; Bankert 1994; Bankert 1996).

La mayoría de los trabajos basados en el uso de imágenes infrarrojas (IR) de satélite, es sobre Complejos Convectivos de Mesoescala (CCM) (Maddox, 1980) o de una forma más general como Sistemas Convectivos de Mesoescala (SCM) (Fritsch, 1986).

El estudio de SCM mediante datos de satélite se ha hecho tradicionalmente utilizando las áreas de topes nubosos bajo diferentes isotermas. Desde la definición inicial de Complejo Convectivo de Mesoescala (CCM) (Maddox, 1980), han sido las áreas de -32 y $-52\,^\circ$ C las que se han venido usando de forma más general.

Muchos de estos estudios han utilizado imágenes de satélites polares para caracterizar las nubes. La alta resolución espacial (sobre 1 km^2) de los satélites polares comparada con los satélites geoestacionarios (sobre 25 km^2) hace que se distingan mejor los detalles de la cubierta nubosa. Sin embargo, la alta resolución temporal (media hora) de un satélite geoestacionario hace que estos satélites sean mejores para hacer estudios con más detalle de la evolución de las nubes.

Así, en este trabajo se pretende identificar las nubes convectivas que forman un frente y saber la inclinación zonal que tienen en conjunto con relación a la orientación del propio frente, utilizando imágenes de infrarrojo térmico (IR) del satélite Meteosat de primera generación. El criterio que se ha utilizado en este trabajo para seleccionar las nubes convectivas que se encuentran dentro del frente ha sido simplemente un criterio de temperatura de brillo y tamaño, se han seleccionado todos aquellos sistemas cuya área máxima estuviera sobre la isoterma de temperatura de brillo de –52 °C y fuese igual o superior a 1000 km^2; para el caso del frente, el criterio utilizado ha sido que el área máxima dentro de la isoterma de –25 °C fuese igual o superior a 100.000 km^2.

El sistema Meteosat forma parte de una red internacional de satélites geoestacionarios situados sobre el ecuador. El Meteosat se encuentra estacionado a una altitud de 36.000 km sobre el punto de intersección del ecuador y del meridiano de Greenwich (0° N, 0° E). Todos estos satélites giran alrededor de la Tierra con la misma velocidad que ésta gira sobre sí misma, de forma que, con relación a un punto sobre la superficie de la Tierra, se encuentran siempre en la misma posición, lo que les permite observar siempre la misma zona de la atmósfera y de la superficie terrestre. La cobertura útil de las imágenes se encuentra aproximadamente entre 60° N y 60° S, debido a la curvatura de la Tierra, con la mayor resolución en el punto subsatélite sobre el ecuador, disminuyendo hacia los polos.

Los satélites geoestacionarios pueden observar la atmósfera y su cubierta nubosa desde la escala global hasta la pequeña escala del sistema europeo Meteosat. En su versión de primera generación, lo hace con una frecuencia de 30 minutos y alta resolución (2,5 km para el visible, 5 km para el infrarrojo y el vapor de agua) lo que permite estudiar la evolución de la cubierta nubosa terrestre y las interacciones entre las distintas escalas de los procesos atmosféricos.

En el infrarrojo medio (3-30 µm) la mayoría de los cuerpos tienen una reflectividad prácticamente nula y la radiación solar es despreciable. También en este intervalo la emisividad del mar, la tierra y las nubes es prácticamente la unidad por lo que pueden ser considerados como cuerpos negros. De esta forma la radiación que llega al espacio exterior será función de la temperatura de los cuerpos emisores (Ley de Stefan-Boltzman). El radiómetro a bordo de un satélite mide la radiación que le llega del sistema tierra-atmósfera en el intervalo 10.5-12.5 µm, aprovechando la "ventana" atmosférica que existe entorno a las 11 µm. Solamente se ve afectada por una pequeña absorción debida fundamentalmente al vapor de agua. De esta forma puede deducirse la temperatura (temperatura de brillo) de las superficies emisoras: superficie terrestre o cima de las nubes.

Las imágenes de infrarrojo (IR) están formadas por un conjunto de píxeles con un valor entre 0 y 255 dentro de una escala de grises desde el blanco al negro y constituyen un mapa térmico de la superficie de la tierra y de los topes nubosos, donde los valores bajos de radiancia son equivalentes a bajas temperaturas. Con objeto de poder compararlas con las imágenes visibles y de que su presentación sea más familiar al ojo humano los valores de radiancia se invierten, de forma que las superficies con temperaturas más bajas aparecen más brillantes y las más cálidas más oscuras.

La resolución que posee el radiómetro del Meteosat de primera generación en el canal IR es de 5 x 5 km en el punto subsatélite. Cuando una superficie nubosa no es continua, por las grietas pasará la radiación procedente de las superficies que hay debajo. Es por ello que la apariencia en las imágenes, al integrarse toda la energía de acuerdo con el tamaño del píxel, será de una superficie más cálida de lo que realmente está la nube y se verá más oscura en las imágenes, reduciéndose en el contraste entre la nube y la superficie subyacente.

Otra característica importante que afecta fundamentalmente a la nubosidad alta y de poco espesor es el hecho de que tienen una transmisividad distinta de cero, por lo que se ve también contaminada con la energía que la llega de todas las superficies que tiene por debajo y que dará una apariencia menos brillante (más cálida) a la superficie nubosa de lo que realmente está.

En cualquier caso, utilizando el canal IR puede conocerse la extensión y la altura, a través de la temperatura de brillo, de las cimas nubosas. En particular, se puede identificar estructuras atmosféricas que llevan asociada nubosidad como fenómenos convectivos y frentes. En el presente trabajo utilizaremos las propiedades descritas anteriormente para mejorar el conocimiento de estructuras nubosas a diferentes niveles en el interior de sistemas frontales.

1.1. OBJETIVO

El objetivo de este trabajo es hacer un estudio de las propiedades de las nubes a diferentes niveles dentro de un frente por medio de imágenes de Meteosat, utilizando, principalmente, la banda de infrarrojo térmico (IR). Para ello se definen unos umbrales de temperatura de brillo y área, tanto de las nubes como del propio frente, y con esto se calcula la posición geográfica (latitud y longitud del centro de gravedad) para posteriormente buscar un posible alineamiento de las mismas que por medio de la correlación de los puntos pueda ser comparado con la orientación del propio frente. Por medio de este método podemos saber más sobre las propiedades de las nubes de tipo convectivo que se desarrollan en el núcleo de un frente y su organización, cómo es la inclinación respecto a los paralelos geográficos, que forman en conjunto en el interior de un frente y qué relación tienen respecto a la pendiente del propio frente.

En este trabajo se expondrán los datos y la metodología seguida, luego se analizará la situación sinóptica de los días 18 y 19 de diciembre de 2000, y los días 20 y 21 de enero de 2003 en los que sendos frentes se generaron y evolucionaron en las proximidades de la Península Ibérica.

1.2. FRENTES

Las masas de aire de diferentes características térmicas, o de contenido de humedad, se desplazan en conjunto y se "empujan" unas a otras sometidas al campo de presiones. En cambio, raramente se mezclan. Esta propiedad es la causante del acentuado dinamismo de la atmósfera en la llamada superficie frontal, como se denomina a la superficie de contacto entre dos masas de aire.

Como la atmósfera tiene tres dimensiones, la separación entre las masas de aire es una superficie llamada superficie frontal, siendo el frente, la línea determinada por la intersección de la superficie frontal y el suelo (o una superficie isobárica).

Clásicamente se distinguen varias clases de frentes: frente frío, frente cálido, frente estacionario y frente ocluido.

Frente frío

Cuando una superficie frontal se desplaza de tal manera que es el aire frío el que desplaza al aire cálido en superficie, se dice que estamos en presencia de un frente frío (figura 1.1). Como la masa de aire frío es más densa, ataca al aire caliente por debajo, como si fuese una cuña, lo levanta, lo desaloja y lo obliga a trepar "cuesta arriba" sobre la empinada superficie frontal. El fenómeno es muy violento y en estos ascensos se producen abundantes nubes de desarrollo vertical con chubascos fuertes y tormentas asociados. También se producen una circulación horizontal notable.

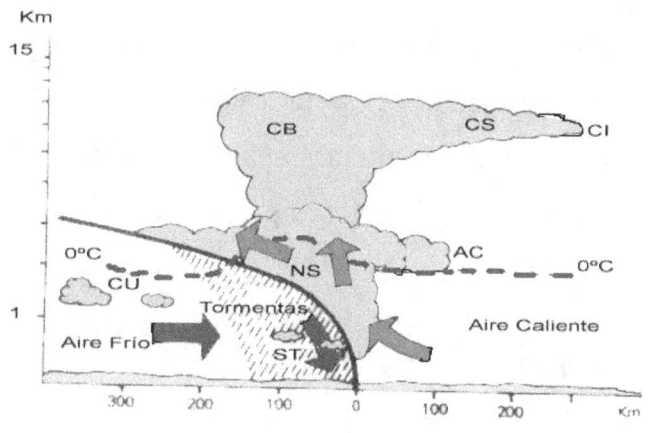

Figura 1.1. Frente frío.

Frente cálido

En este caso, el aire de mayor temperatura avanza sobre el frío, pero al ser este último más pesado, se pega al suelo y, a pesar de retirarse la masa fría, no es desalojada totalmente, de manera que el aire cálido asciende suavemente por la superficie frontal que hace de rampa (figura 1.2). En general la nubosidad es estratiforme y las precipitaciones se producen de forma regular con menos virulencia que en el frente frío aunque en algunos casos son muy extensas y persistentes.

9

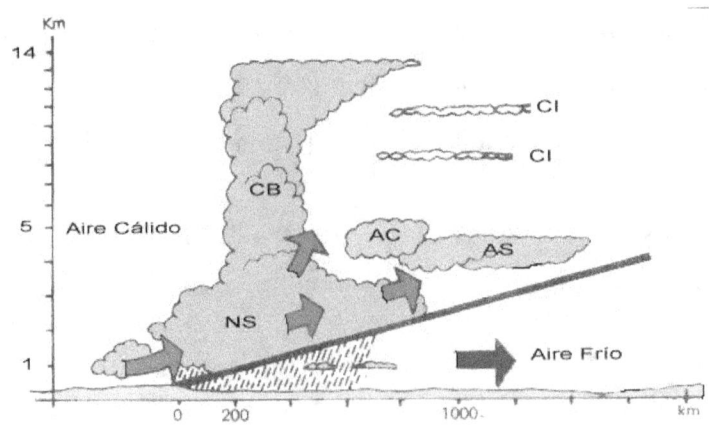

Figura 1.2. Frente caliente.

Frente estacionario

Es aquel que marca la separación entre dos masas de aire, entre las que no se manifiesta desplazamiento de una respecto de la otra. La sección es similar a la de un frente cálido.

Frentes ocluidos

Dado que los frentes fríos se desplazan más rápidamente que los frentes cálidos, acaban por alcanzarlos. En estas condiciones el sector caliente desaparece progresivamente de la superficie, quedando solamente en altura. Cuando los frentes se han unido forman un frente ocluido o una oclusión. Las oclusiones pueden ser del tipo frente frío o del tipo frente caliente.

Oclusión del tipo frente frío

Se produce cuando el aire que se encuentra por delante del frente caliente es menos frío que el que llega por detrás del frente frío. En este caso el aire que está por detrás del frente frío, al ser más denso, hará de cuña y levantará al primero (figura 1.3).

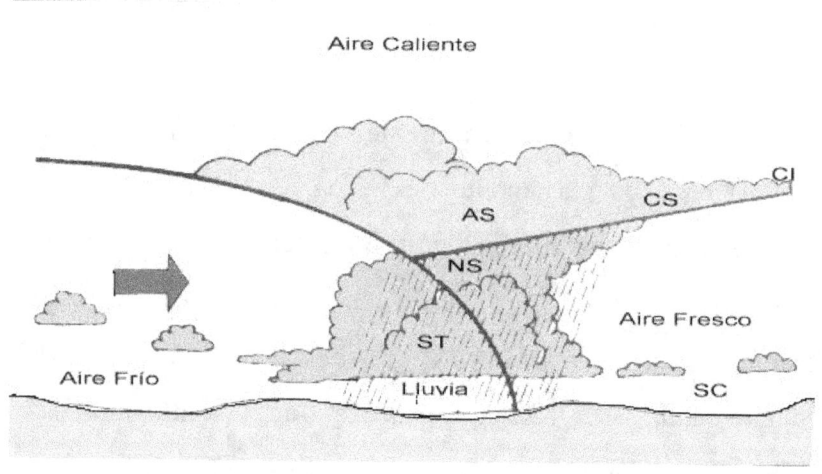

Figura 1.3. Oclusión del tipo frente frío.

Oclusión tipo frente caliente

Es la que se produce cuando el aire que está por delante del frente caliente es más frío que el que está por detrás del frente frío. Este último, por ser más liviano, trepará por sobre el primero (figura 1.4). El área de precipitaciones y la nubosidad está más extendida en este tipo de oclusión.

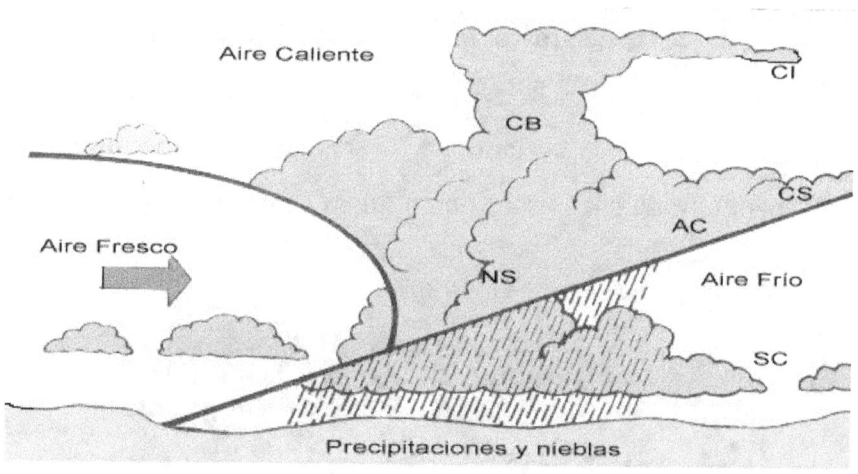

Figura 1.4. Oclusión del tipo frente caliente.

Los frentes están ligados a las depresiones de latitudes medias que afectan a la Península Ibérica, sobre todo en invierno, cuando el frente polar desciende de latitud. Dichas depresiones "polares" o "frontales" se originan, como sus frentes asociados, por la interacción entre el aire polar y el tropical.

2. DATOS Y METODOLOGÍA

En este trabajo se ha utilizado la temperatura de brillo de las imágenes de IR del satélite Meteosat obtenidas en el Departamento de Física de la Tierra II de la Universidad Complutense de Madrid. Estas cubren una región del globo que se extiende desde el Polo Norte hasta una latitud de 23 ° N. En los extremos inferiores de la imagen, la longitud abarca desde 27° W hasta 18° E. El canal infrarrojo (IR), que recibe información de la banda 10.5-12.5 μm para la que la atmósfera es prácticamente transparente. En él se pueden identificar con gran facilidad las cimas frías de las nubes por contraste con superficies emisoras situadas más abajo y por ende a mayor temperatura.

Con intención de centrar el estudio a una región que incluya la Península Ibérica pero no excesivamente extensa, donde el tratamiento de los datos sea suficientemente consistente, se ha seleccionado un área rectangular de la imagen. La figura 2.1 corresponde al canal IR y el recuadro indica la superficie elegida para hacer el estudio de las nubes detectadas dentro de un frente. El recuadro cubre una parte del Océano Atlántico, una parte del norte de África, las Islas Británicas y Francia. Se definieron los límites geográficos para limitar la región de estudio. La ventana geográfica está comprendida entre 32° N/51° N de latitud y 23° W/10° E de longitud y se excluía un sistema o nube cuando no se encontraba dentro de la ventana y del propio frente.

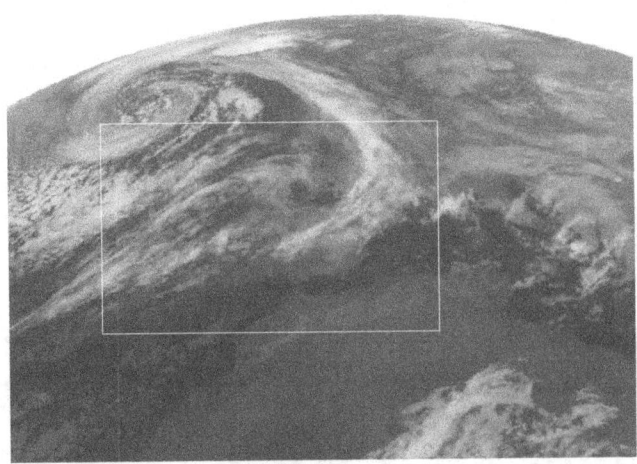

Figura 2.1. Imagen infrarroja (IR) del satélite Meteosat con la zona de estudio (recuadro).

El uso de imágenes infrarrojas de satélite usualmente requiere un umbral de temperatura de brillo para identificar tanto el frente como las nubes convectivas que forman parte de él, por eso el procedimiento utilizado ha consistido en identificar el frente con los umbrales de temperatura de brillo menor o igual a –25° C y que tenga un área igual o superior a 100.000 km². Una vez caracterizado el frente el siguiente paso ha sido identificar cada una de las nubes con desarrollo vertical destacable e inmersas en dicho frente. En este caso, se han considerado los siguientes criterios: umbrales de temperatura de brillo ≤ –52 °C y áreas iguales o superiores a 1000 km². Después se realizó el cálculo de un conjunto de propiedades que caracterizan las nubes como es su posición geográfica (la latitud y longitud del centro de gravedad) para realizar posteriormente, la correlación por mínimos cuadrados de las nubes que se encontraban dentro del frente con un nivel de significación, para obtener su inclinación o pendiente respecto a los paralelos geográficos (figura 2.3) y compararlo con la orientación del propio frente por medio de la diferencia entre sus ángulos o pendientes (ver figura 2.2).

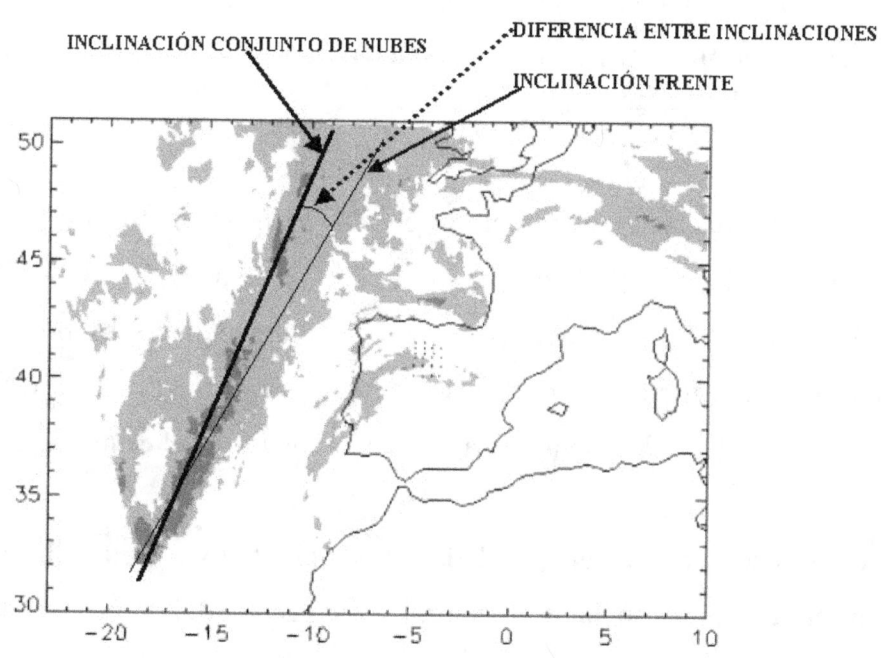

Figura 2.2. *Imagen contorneada con escala de grises de las nubes y del frente del día 18 de diciembre a las 2200 UTC, donde está representada la pendiente o inclinación del conjunto de nubes convectivas, del frente y la diferencia entre ellas.*

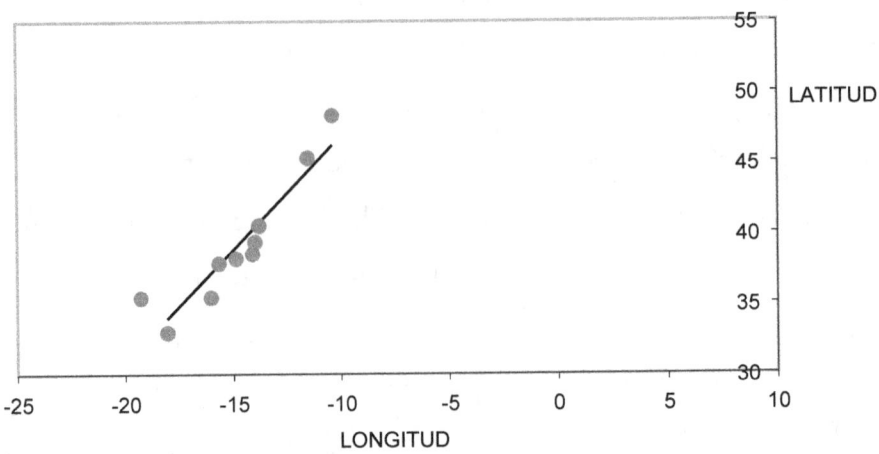

Figura 2.3. Correlación por mínimos cuadrados de las posiciones de las nubes convectivas (la latitud y longitud del centro de gravedad) que se encuentran dentro del frente cuya temperatura de brillo es $\leq$-52 ° C y el área $\geq$ 1000 km², del día 18 de diciembre de 2000 a las 2200 UTC. En la parte superior izquierda de la gráfica se indica la pendiente o inclinación del conjunto de nubes con el coeficiente de determinación r² del ajuste.

Se ha realizado también una caracterización de las propiedades atmosféricas mediante sondeos y análisis de mapas sinópticos de los días elegidos para completar el conocimiento de las situaciones.

Mediante la adaptación del programa en IDL llamado MASCOTTE (*MAximum Spatial Correlation Tracking Technique*, Carvalho y Jones, 2001), se han realizado la transformación de las imágenes de satélite a temperaturas de brillo, el cálculo de la inclinación del frente por mínimos cuadrados con el coeficiente de correlación y las posiciones de las nubes convectivas (latitud y longitud del centro de gravedad).

El cálculo del centro de gravedad, dado por su latitud y longitud, de las diferentes nubes convectivas así como la inclinación u orientación del frente, se ha realizado de la siguiente manera:

Centro de gravedad del conjunto de nubes:

Las coordenadas espaciales del centro de gravedad (X_{CG}, Y_{CG}) están definidas como T_B (Temperatura de Brillo) medio:

$$X_{CG} = \frac{\sum\limits_{i=1}^{Np} XiTBi}{\sum\limits_{i=1}^{Np} TBi}$$

$$Y_{CG} = \frac{\sum\limits_{i=1}^{Np} YiTBi}{\sum\limits_{i=1}^{Np} TBi}$$

Donde X_i y Y_i son las coordenadas de los píxeles de las nubes en las direcciones este-oeste y norte-sur, respectivamente, y en el sumatorio se realiza sobre todos los N_p píxeles de la nube.

Inclinación del frente:

La orientación de frente se realiza por medio de las coordenadas del píxel (X_i, Y_i, $i=1$, N_p) por el criterio de mínimos cuadrados y el ángulo en sentido contrario a las agujas del reloj entre la dirección este-oeste y la línea recta.

En el desarrollo de este trabajo el nivel de significación estadística del coeficiente de correlación r entre dos conjuntos cualesquiera de datos X e Y de N elementos cada uno, se ha utilizado el estadístico t de Student, que es un test multivariante paramétrico definido como:

$$t = \frac{r}{\sqrt{1-r^2}}\sqrt{N-2}$$

Siendo X e Y dos poblaciones normales, el estadístico t sigue una distribución de Student de N-2 grados de libertad si dichas poblaciones son independientes entre sí (hipótesis nula). Por tanto, si el valor t obtenido a partir de los datos de X e Y es mayor que el correspondiente al de una distribución de Student con N-2 grados de libertad y

15

nivel de significación α, la correlación dada por el coeficiente r será estadísticamente significativa con un nivel de confianza de $100(1-\alpha)$. En este tipo de contraste de hipótesis estadística, en los que interesa rechazar la hipótesis nula, se ha de trabajar con valores pequeños de α, ya que éste indica la probabilidad de rechazar la hipótesis nula siendo cierta.

3. CARACTERIZACIÓN DEL ESTADO ATMOSFÉRICO 18-19 DICIEMBRE 2000

En los días 18 y 19 de diciembre de 2000 se inició un frente en el Océano Atlántico (figura 3.1) que evolucionó hasta llegar cerca de la Península Ibérica (figura 3.3). En dicho frente existen nubes de desarrollo vertical en su interior que pueden formar un posible alineamiento entre ellas. Ver figuras 3.2 y 3.4.

Figura 3.1. .Imagen infrarroja del satélite Meteosat del día 18 de diciembre de 2000 a las 1200 UTC.

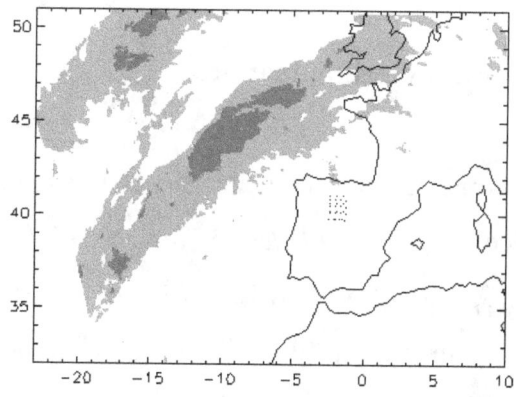

Figura 3.2. Imagen contorneada con escala de grises para el día 18 de diciembre de 2000 a las 1200 UTC, donde se identifican las nubes convectivas dentro del frente.

Figura 3.3. Imagen infrarroja del satélite Meteosat del día 19 de diciembre de 2000 a las 0000 UTC.

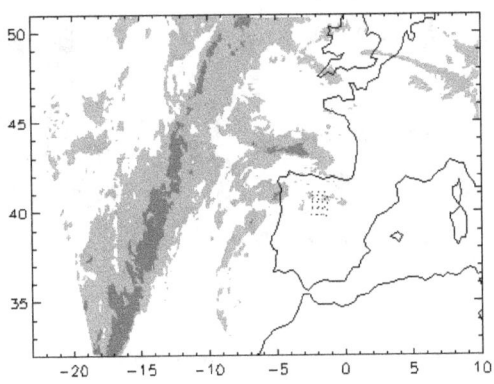

Figura 3.4. Ídem que figura 3.2, pero para el día 19 de diciembre a las 0000 UTC.

3.1. Análisis de los diagramas termodinámicos

Los índices que se emplean para caracterizar la inestabilidad atmosférica en la troposfera son: el índice *K, TT (Total de Totales), LI (Lifted Index), CAPE (energía potencial convectiva disponible)* y *CIN (inhibición convectiva).* Los tres primeros utilizan diferencias de temperatura (del aire seco y húmedo según el caso) entre distintos niveles atmosféricos y los dos últimos valoran la energía acumulada o deficitaria en la troposfera. Estos índices se obtienen de los diagramas termodinámicos (sondeos) realizados en estaciones sinópticas.

Los diagramas empleados para el estudio corresponden a los sondeos realizados en los aeropuertos de La Coruña, Brest (sur de Inglaterra) y Camborne (este de Francia). Corresponden a estaciones afectadas por el paso del frente estudiado en este primer caso. Los sondeos se han obtenido de la página web de la Universidad de Wyoming [Web 1]. Se han realizado sondeos a las 0000 y a las 1200 UTC.

A continuación, se presentan los sondeos mencionados y se reflejan las características más notables desde el punto de vista de la estabilidad obtenidos de los mismos.

LA CORUÑA

Entre las figuras 3.5 y 3.8 se muestran los sondeos de La Coruña para estos días para las 0000 y 1200 UTC.

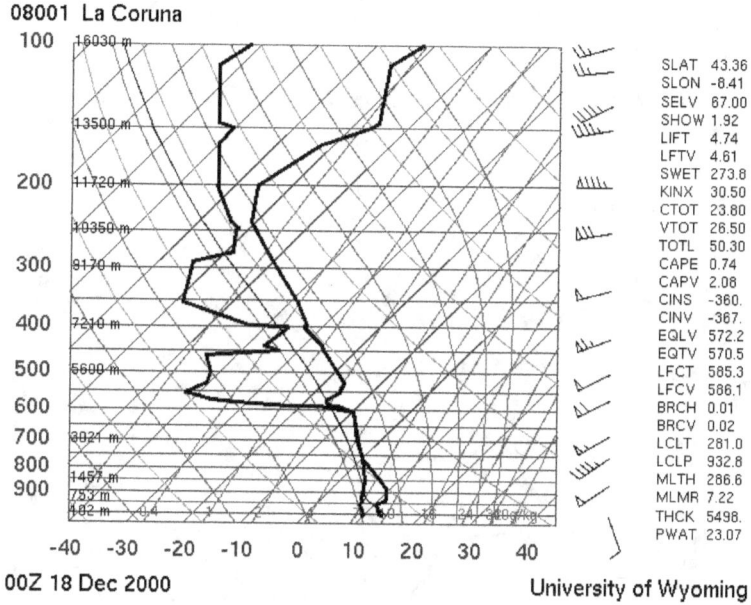

Figura 3.5*. 18 diciembre 2000, 0000 UTC. La Coruña.*

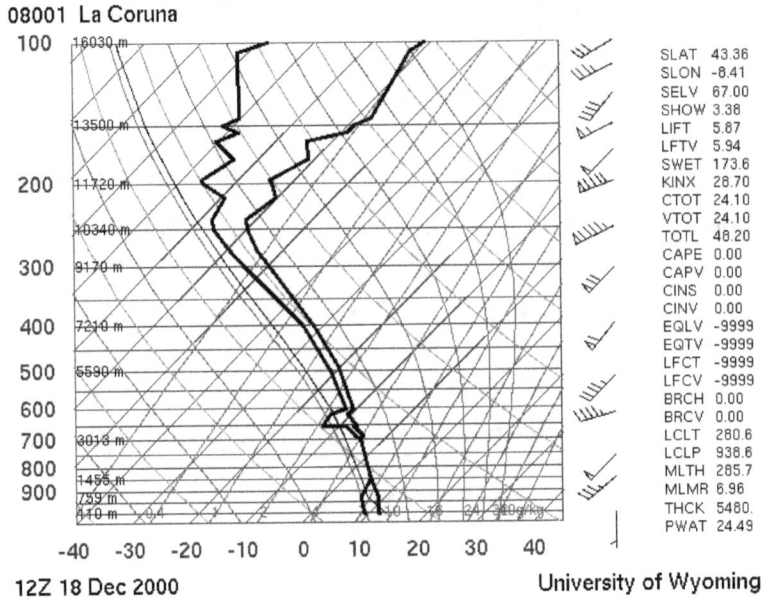

Figura 3.6. 18 diciembre 2000, 1200 UTC. La Coruña.

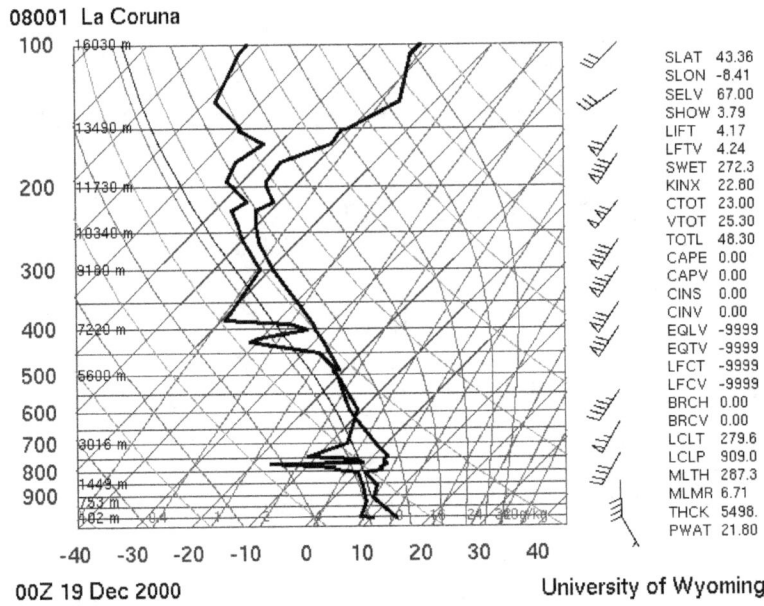

Figura 3.7. 19 diciembre 2000, 0000 UTC. La Coruña.

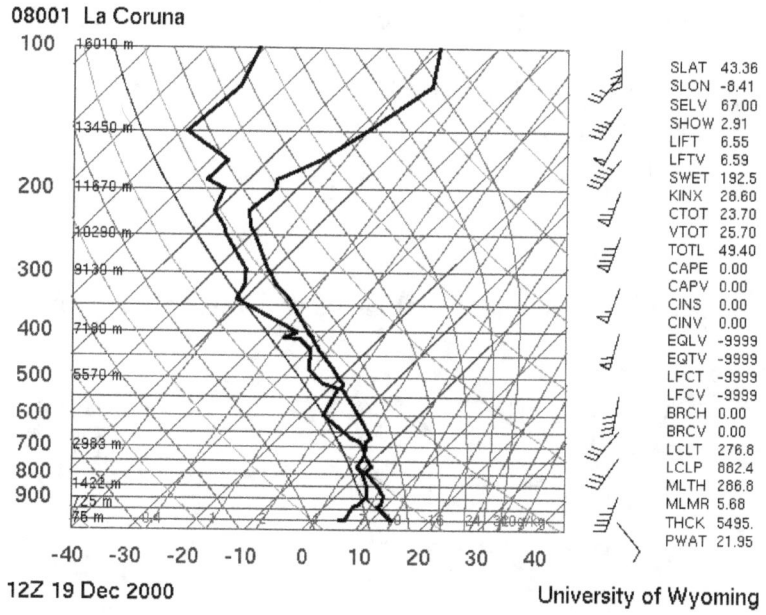

Figura 3.8. *19 diciembre 2000, 1200 UTC. La Coruña.*

	18 DICIEMBRE 0000 UTC	18 DICIEMBRE 1200 UTC	19 DICIEMBRE 0000 UTC	19 DICIEMBRE 1200 UTC
TT	50.30	48.20	48.30	49.40
K	30.50	28.70	22.80	28.60
LI	4.74	5.87	4.17	6.55
CAPE	0.74	0.00	0.00	0.00
CIN	-360.35	0.00	0.00	0.00

Tabla 3.1. *Índices de estabilidad para los sondeos de La Coruña.*

En la tabla 3.1 se muestran los valores de los índices para el estudio de la inestabilidad de los sondeos de La Coruña. Se puede observar como hay una disminución del *CIN* el día 18 de diciembre a las 0000 UTC que favorecerá la convección. Se observa que el *CAPE* no es muy alto que pasa de un valor no muy elevado a las 0000 UTC del día 18 de diciembre a un valor nulo. El índice Total de Totales (*TT*) indica la posibilidad de tormentas aisladas o moderadas. La probabilidad de tormentas a lo largo del día se obtiene del índice *K* y vemos que llega a alcanzar el 60-80 %. El *LI* en todos los casos es positivo (situación estable).

A partir del *CAPE* se puede estimar la velocidad vertical: $w \approx \sqrt{2CAPE}$. En este caso se tiene que a las 0000 UTC del día 18, $w \approx 1.22$ ms^{-1}.

BREST

A continuación, se detallan los sondeos realizados en Brest (de la figura 3.9 a la 3.12).

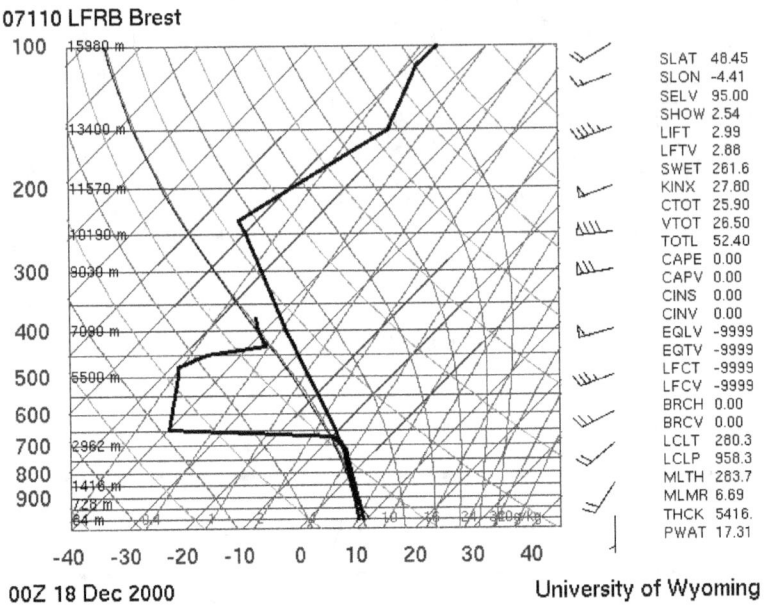

Figura 3.9. *18 diciembre 2000, 0000 UTC. Brest.*

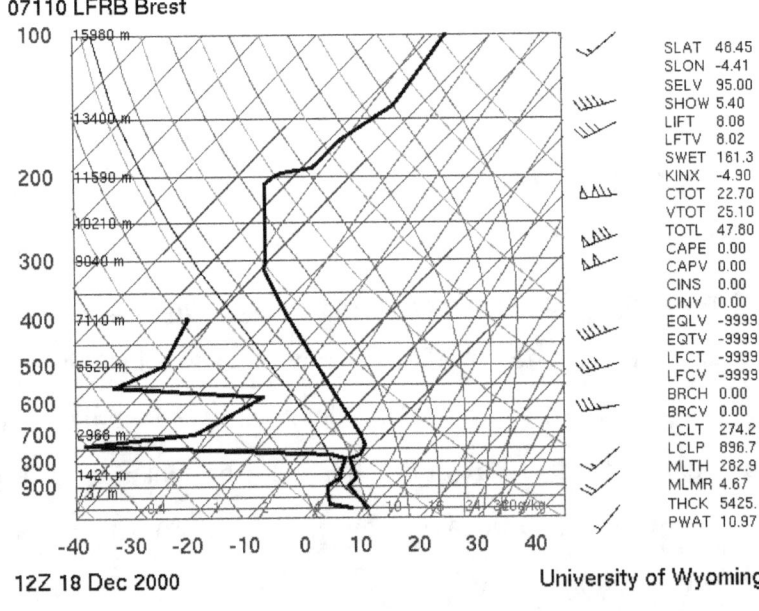

Figura 3.10. *18 diciembre 2000, 1200 UTC. Brest.*

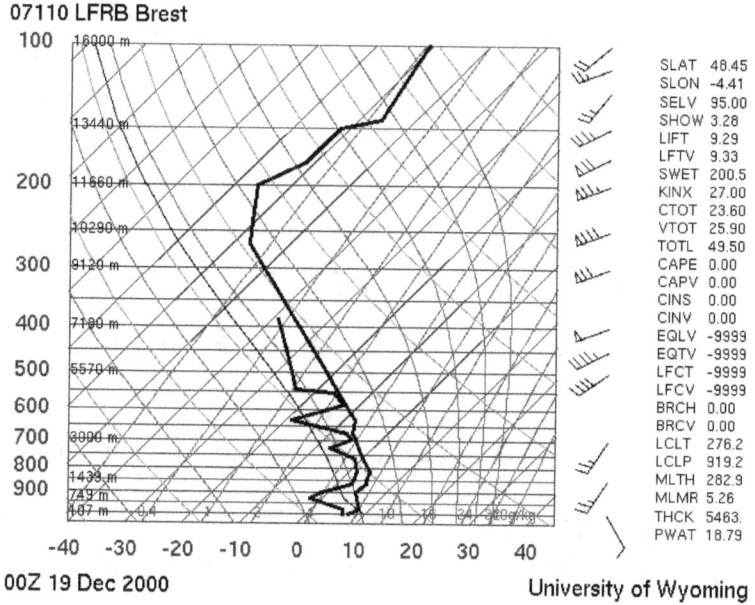

Figura 3.11. *19 diciembre 2000, 0000 UTC. Brest.*

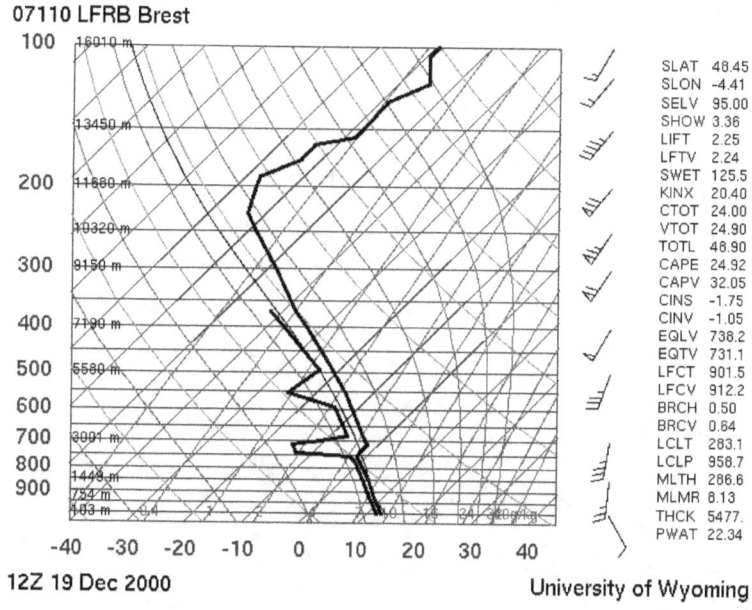

Figura 3.12. *19 diciembre 2000, 1200 UTC. Brest.*

23

	18 DICIEMBRE 0000 UTC	18 DICIEMBRE 1200 UTC	19 DICIEMBRE 0000 UTC	19 DICIEMBRE 1200 UTC
TT	52.40	47.80	49.50	48.90
K	27.80	-4.90	27.00	20.40
LI	2.99	8.08	9.29	2.25
CAPE	0.00	0.00	0.00	24.92
CIN	0.00	0.00	0.00	-1.75

Tabla 3.2. Índices de estabilidad para los sondeos de Brest.

Para este sondeo (tabla 3.2) se puede observar como tenemos una disminución del *CIN* a las 0000 UTC del día 19 de diciembre en que la convección se ve favorecida durante este día. El *LI* es positivo, lo que indica una situación estable a lo largo de los dos días. La velocidad máxima es de unos 7 ms^{-1}, esto nos muestra que la cizalla vertical del viento no es muy intensa. La probabilidad de tormentas, que se puede deducir del índice *K,* tiene una probabilidad del 60-80 %. El índice *TT* nos señala una posibilidad de tormentas aisladas.

CAMBORNE

Entre las figuras 3.13 y 3.16 se van a representar a continuación los sondeos correspondientes a Camborne para las 0000 y 1200 UTC.

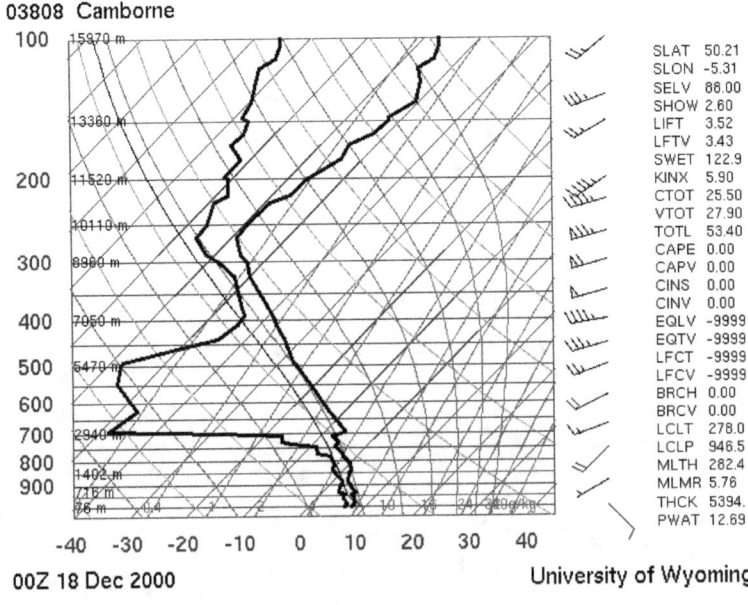

Figura 3.13. 18 diciembre 2000, 0000 UTC. Camborne.

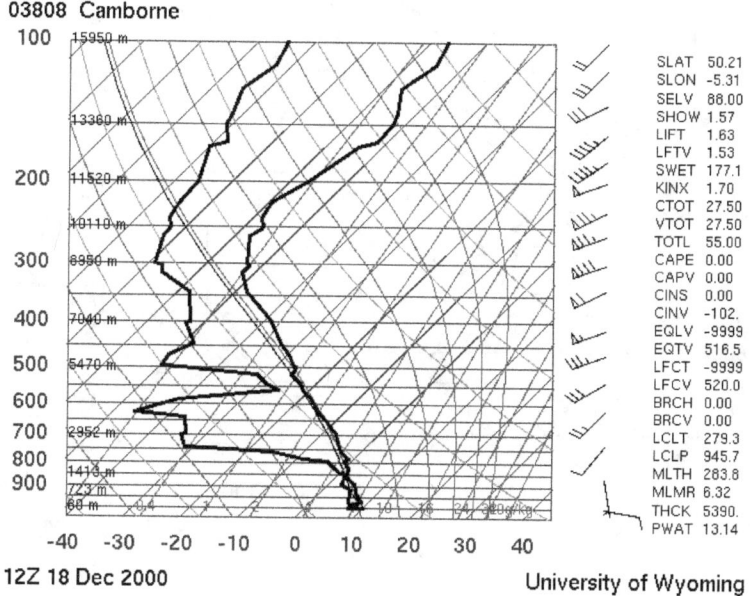

Figura 3.14. *18 de diciembre 2000, 1200 UTC. Camborne.*

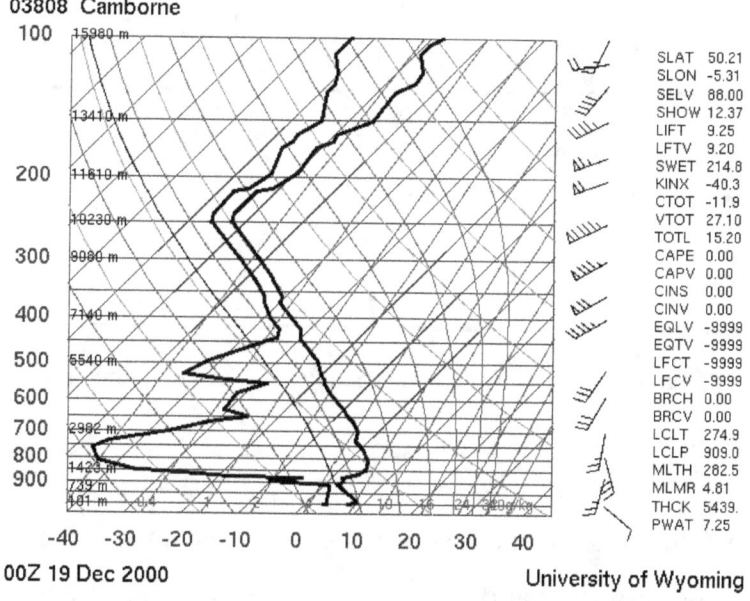

Figura 3.15. *19 diciembre 2000, 0000 UTC. Camborne.*

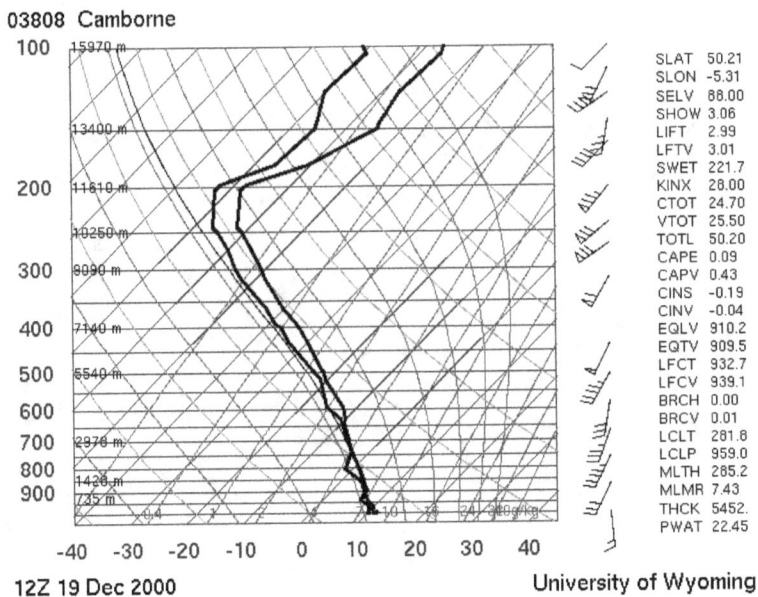

Figura 3.16. *19 diciembre 2000, 1200 UTC. Camborne.*

	18 DICIEMBRE 0000 UTC	18 DICIEMBRE 1200 UTC	19 DICIEMBRE 0000 UTC	19 DICIEMBRE 1200 UTC
TT	53.40	55.00	15.20	50.20
K	5.90	1.70	-40.30	28.00
LI	3.52	1.63	9.25	2.99
CAPE	0.00	0.00	0.00	0.09
CIN	0.00	0.00	0.00	-0.19

Tabla 3.3. Índices de estabilidad para los sondeos de Camborne.

En el sondeo de Camborne (tabla 3.3) el índice *K* aumenta a lo largo del día 18 de diciembre para luego disminuir al día 19 a las 0000 UTC y finalmente aumentar hasta las 1200 UTC del mismo día. El índice *CIN* es negativo con un valor no muy significativo a las 1200 UTC del día 19 de diciembre lo que la convección se ve favorecida. El *CAPE* en este caso no es muy elevado prácticamente es cero para el día 19 a las 1200 UTC.

Los índices de los sondeos de La Coruña, Brest y Camborne indican una probable formación de convección debido al paso del frente por estas estaciones de sondeos, donde el frente tiene asociadas nubes convectivas.

3.2. Análisis de la situación sinóptica

Las figuras 3.17 y 3.18 muestran la situación sinóptica de los días 18 y 19 de diciembre de 2000 a las 0000 UTC, respectivamente. Los mapas de superficie estudiados son del Servicio Meteorológico Británico (Metoffice) y se han obtenido de la página web del servidor de información meteorológica *Infomet* [Web 2] y los de 500 hPa (figuras 5.19 y 5.20) son del reanálisis NCEP [Web 3].

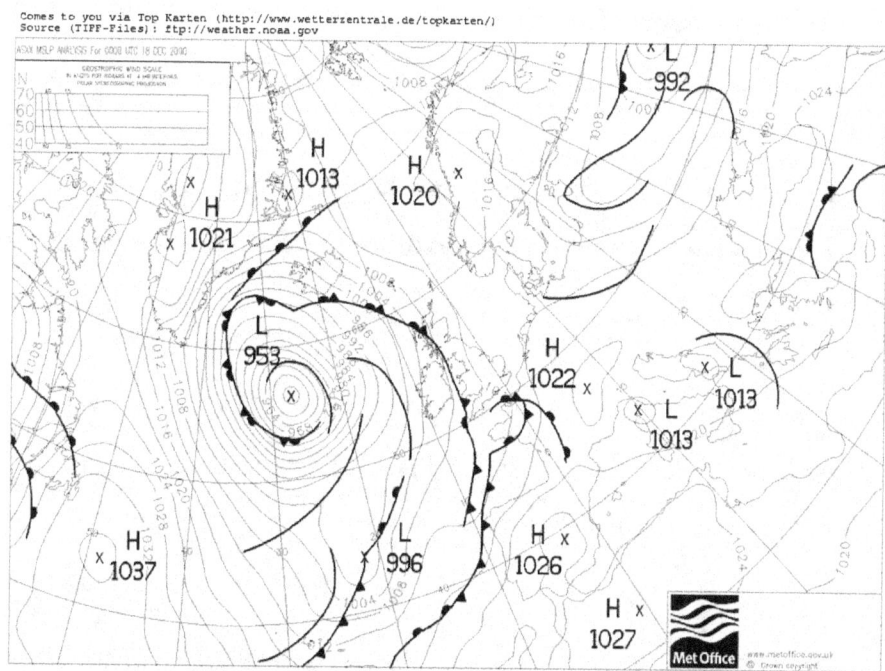

Figura 3.17*. Situación sinóptica del día 18 de diciembre de 2000,0000 UTC.*

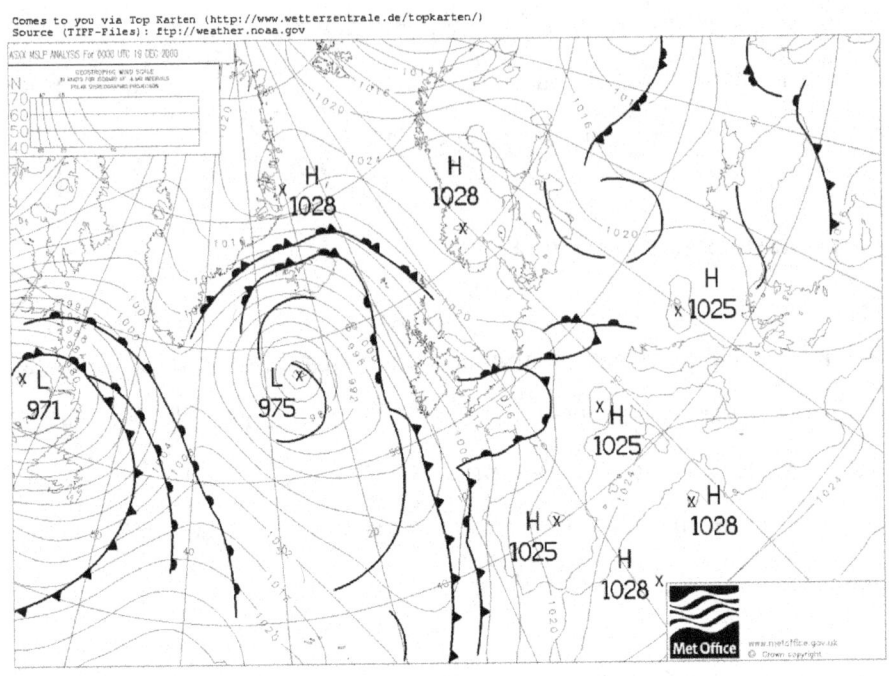

Figura 3.18. Situación sinóptica del día 19 de diciembre de 2000,0000 UTC.

En las figuras 3.17 y 3.18 se observan como hay una serie de bajas presiones en el Atlántico cerca de las Islas Británicas que favorecen la aparición de frentes que pueden pasar por la Península Ibérica.

Para los mapas de superficie de 500 hPa (figuras 3.19 y 3.20) podemos ver como hay una baja presión cerca de las Islas Británicas lo que favorece la formación de un frente.

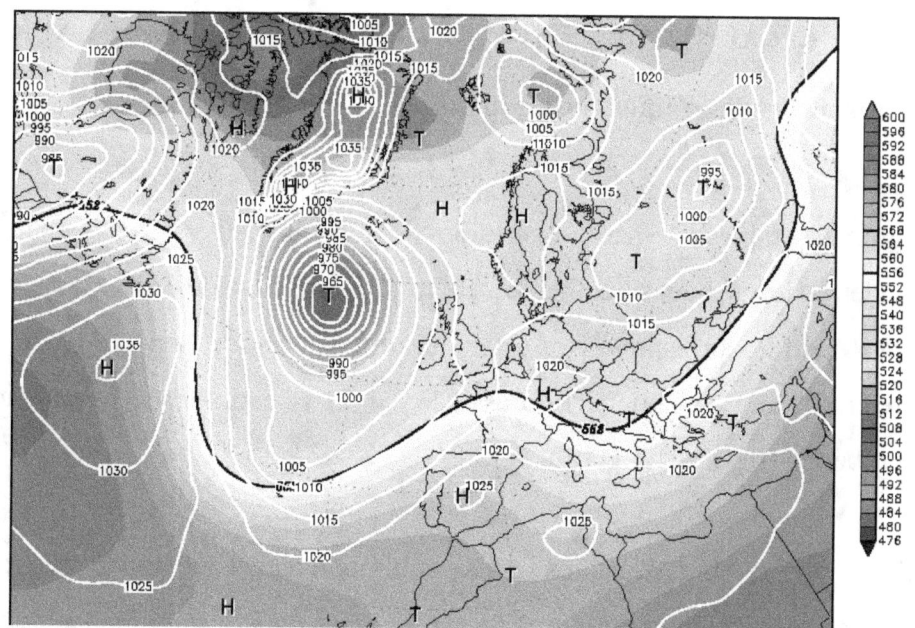

Figura 3.19. *Geopotencial en 500 hPa (color) y presión en superficie en el suelo (líneas), del día 18 de diciembre de 2000, 0000 UTC.*

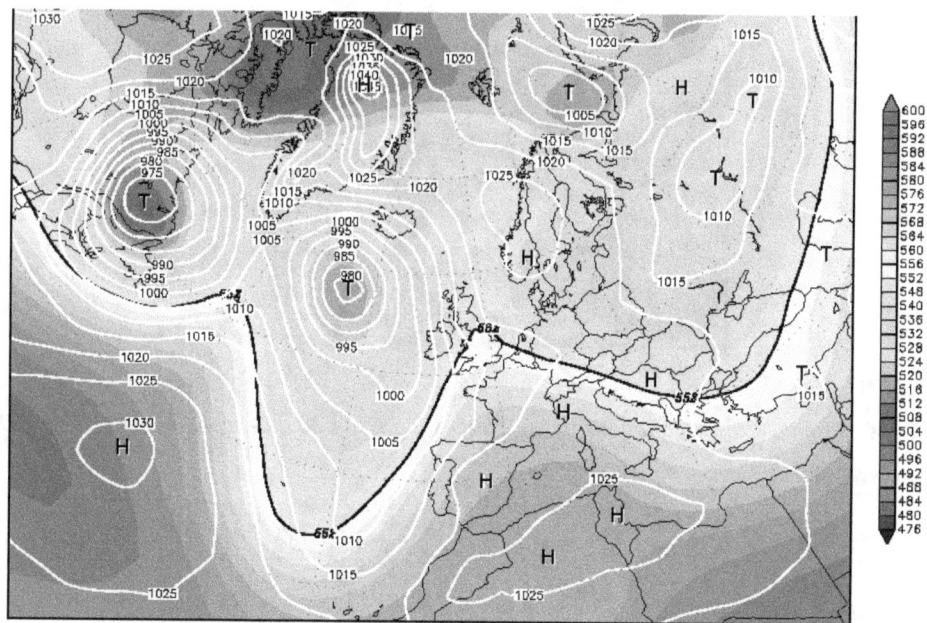

Figura 3.20. *Geopotencial en 500 hPa (color) y presión en superficie en el suelo (líneas), del día 19 de diciembre de 2000, 0000 UTC.*

4. CARACTERIZACIÓN DEL ESTADO ATMOSFÉRICO 20-21 ENERO 2003

4.1. Análisis de los diagramas termodinámicos

Los diagramas empleados para el estudio de los días 20 y 21 de enero de 2003 corresponden a los sondeos realizados en los aeropuertos de La Coruña, Santander, Burdeos y Madrid. Corresponden a estaciones afectadas por el paso del frente que se inició en el Océano Atlántico (figuras 4.1 y 4.2) y evolucionó hasta pasar por la Península Ibérica (figuras 4.3 y 4.4).

A continuación, se muestran los sondeos mencionados y donde se reflejan las características más notables desde el punto de vista de la estabilidad obtenida de los mismos.

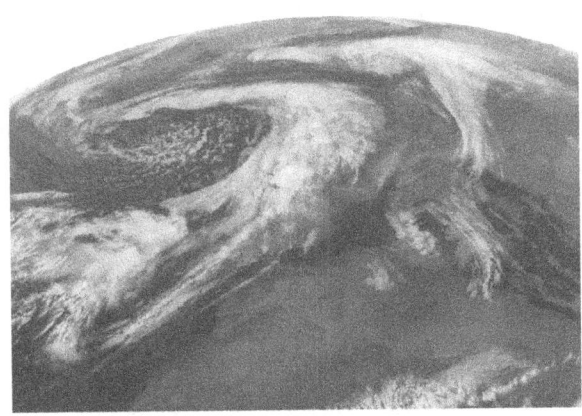

Figura 4.1. Imagen infrarroja del satélite Meteosat del día 20 de enero de 2003 a las 0600 UTC.

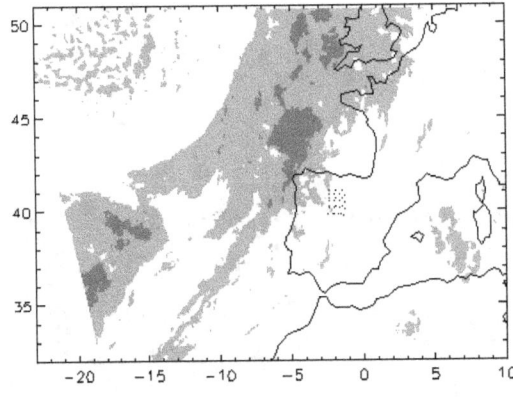

Figura 4.2. Imagen contorneada con escala de grises para el día 20 de enero de 2003 a las 0600 UTC, donde se identifican las nubes convectivas dentro del frente.

Figura 4.3. Imagen infrarroja del satélite Meteosat del día 21 de enero de 2000 a las 1200 UTC.

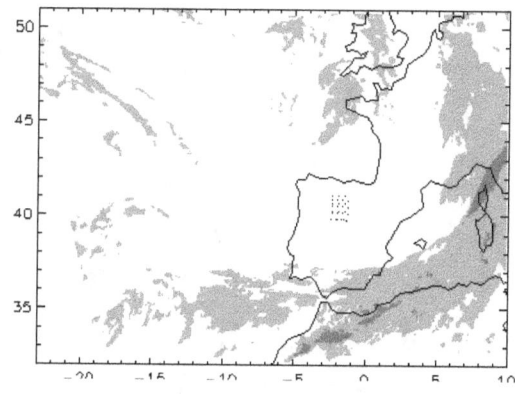

Figura 4.4. Ídem que figura 4.2, pero para el día 21 de enero a las 1200 UTC.

LA CORUÑA

A continuación, se muestran los sondeos de La Coruña de los días 20 y 21 de enero a las 0000 y 1200 UTC (de la figura 4.5 a la 4.7). Para estos días no se dispone del sondeo de La Coruña del día 20 de enero a las 0000 UTC.

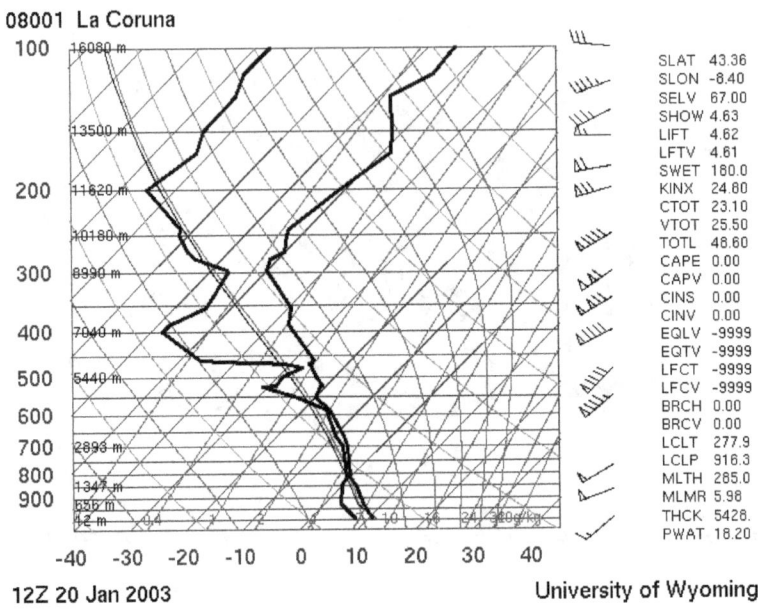

Figura 4.5. 20 enero 2003, 1200 UTC. La Coruña.

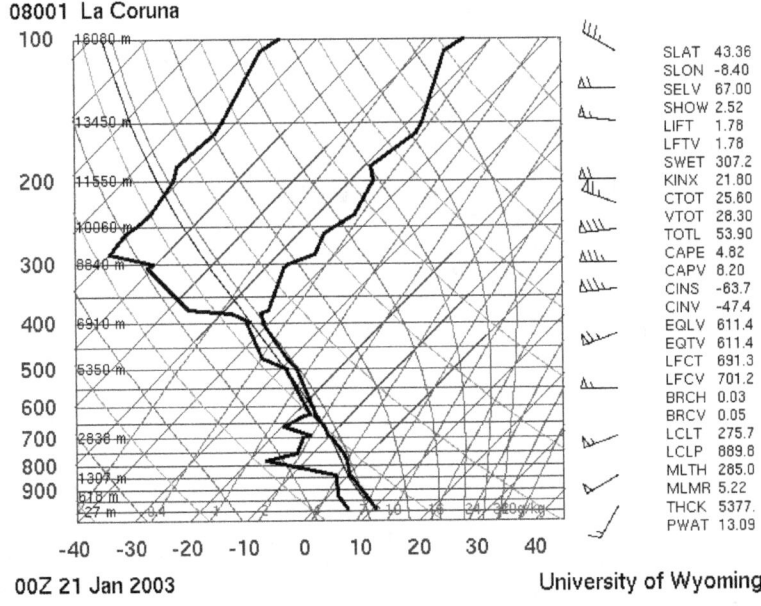

Figura 4.6. 21 enero 2003, 0000 UTC. La Coruña.

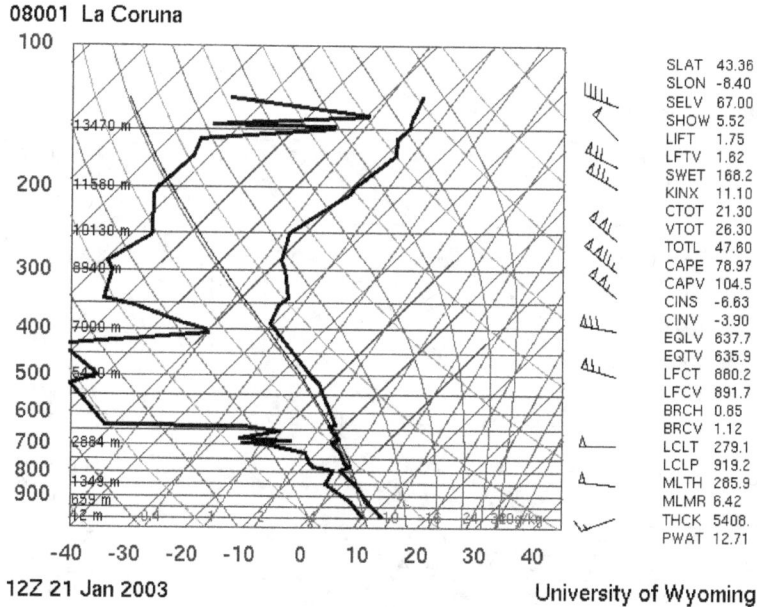

Figura 4.7. *21 enero 2003, 1200 UTC. La Coruña.*

	20 ENERO 1200 UTC	21 ENERO 0000 UTC	21 ENERO 1200 UTC
TT	48.60	53.90	47.60
K	24.80	21.80	11.10
LI	4.62	1.78	1.75
CAPE	0.00	4.82	78.97
CIN	0.00	-63.78	-6.63

Tabla 4.1. *Índices de estabilidad para los sondeos de La Coruña.*

En la tabla 4.1 se muestran los valores de los índices para el estudio de la inestabilidad de los sondeos de La Coruña. Como se aprecia en la tabla, el índice Total de Totales (*TT*) denota una posibilidad de tormentas aisladas. El índice *K* nos da una probabilidad de formación de tormentas entre el 60-80 %. El *CAPE* presenta un aumento desde el día 21 de enero a las 0000 UTC hasta las 1200 UTC del mismo día, así como una disminución del *CIN*, que favorecerá la convección.

La velocidad vertical pasa de $w \approx 3$ ms^{-1} a las 0000 UTC del día 21 a $w \approx 13$ ms^{-1} a las 1200 UTC. Es una velocidad elevada lo que indica que existe una fuerte cizalla vertical del viento.

33

SANTANDER

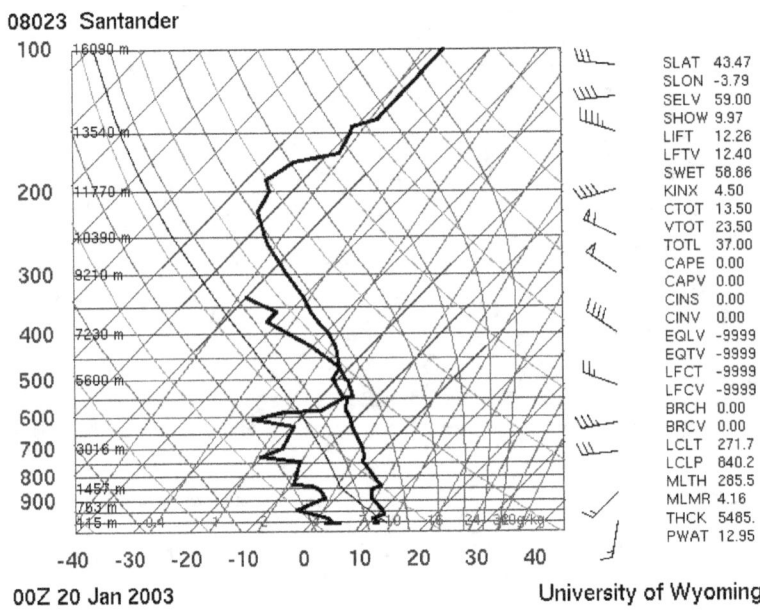

Figura 4.8. *20 enero 2003, 0000 UTC. Santander.*

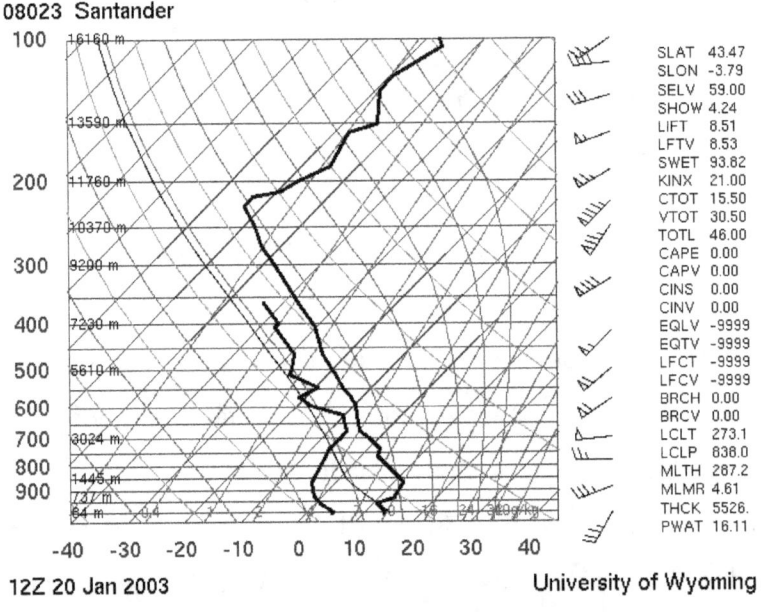

Figura 4.9. *20 enero 2003, 1200 UTC. Santander.*

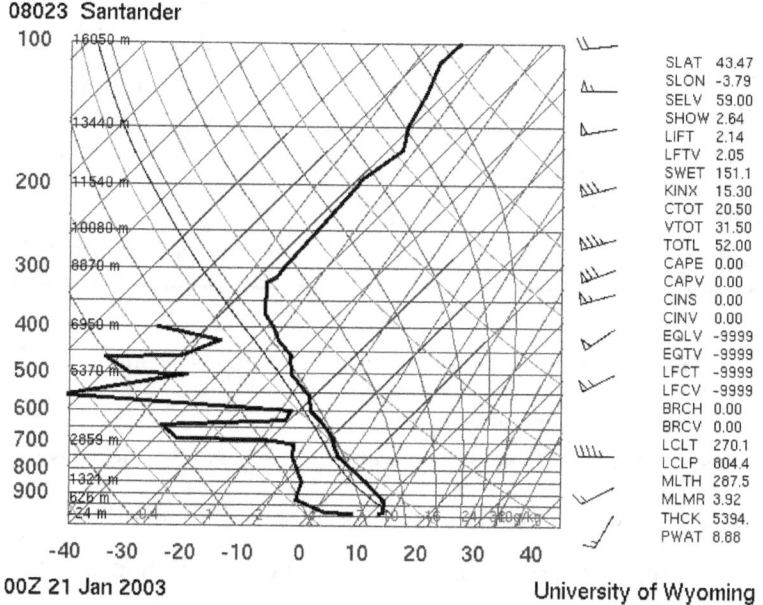

Figura 4.10. 21 enero 2003, 00Z. Santander.

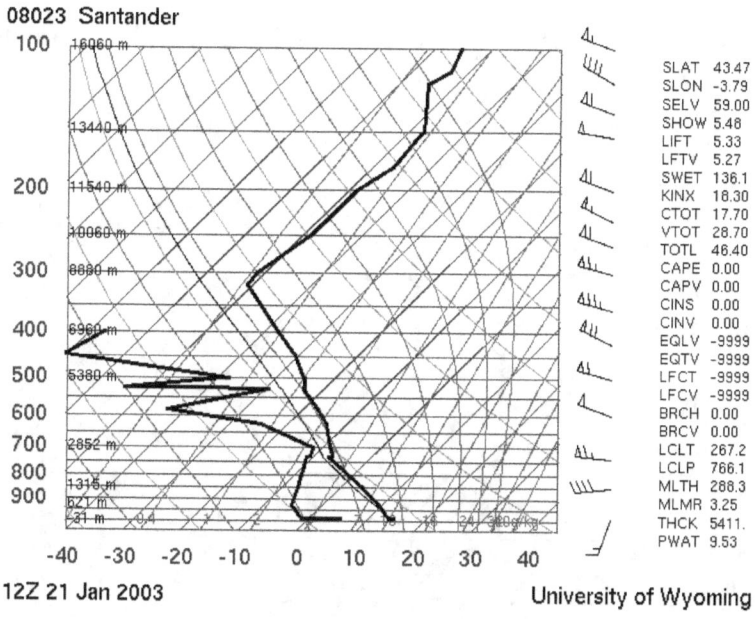

Figura 4.11. 21 enero 2003, 1200 UTC. Santander.

	20 ENERO 0000 UTC	20 ENERO 1200 UTC	21 ENERO 0000 UTC	21 ENERO 1200 UTC
TT	37.00	46.00	52.00	46.40
K	4.50	21.00	15.30	18.30
LI	12.26	8.51	2.14	5.33
CAPE	0.00	0.00	0.00	0.00
CIN	0.00	0.00	0.00	0.00

Tabla 4.2. Índices de estabilidad para los sondeos de Santander.

Como se puede observar en la tabla 4.2 de los índices de estabilidad para los sondeos de Santander, el *LI* es positivo en todos los días lo que refleja una situación estable. El índice *TT* indica posibilidad de tormentas moderadas. El índice *K* como podemos ver llega a alcanzar el 60-80 %.

BURDEOS

Entre las figuras 4.12 y 4.15 se representan los sondeos de Burdeos para estos días.

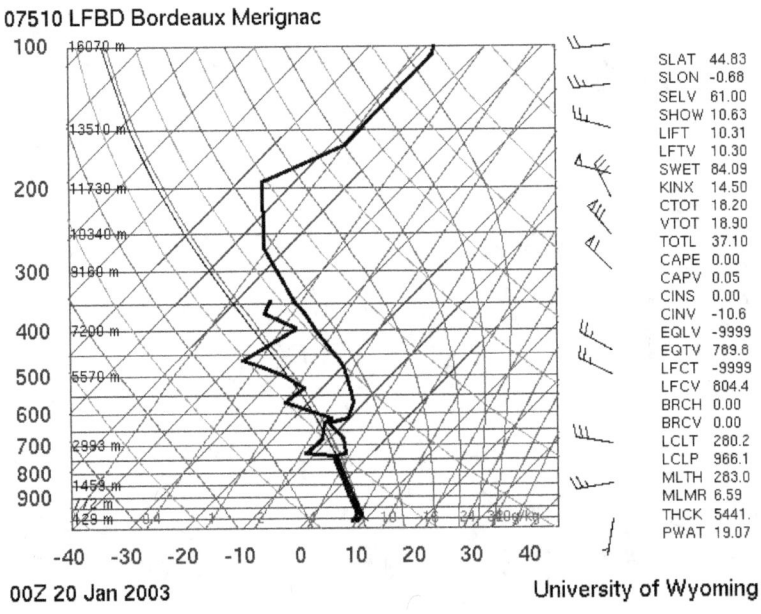

Figura 4.12. 20 enero 2003, 0000 UTC. Burdeos.

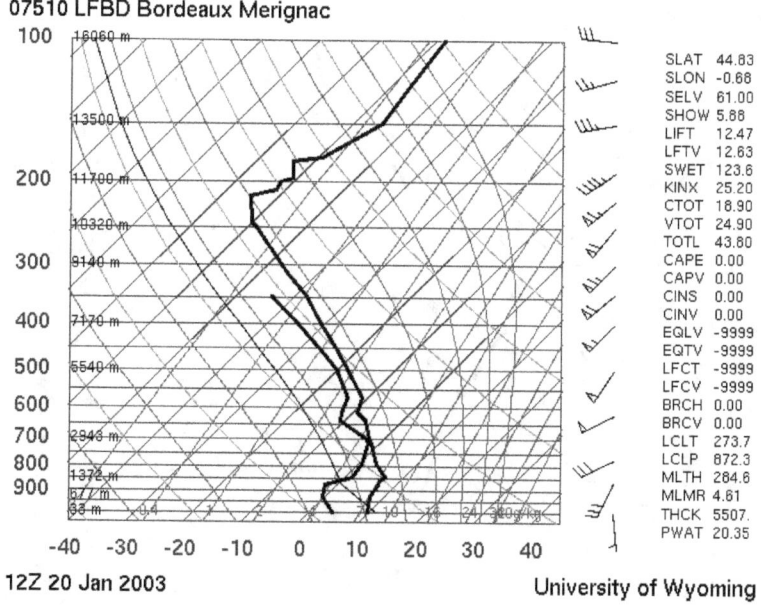

Figura 4.13. 20 enero 2003, 1200 UTC. Burdeos.

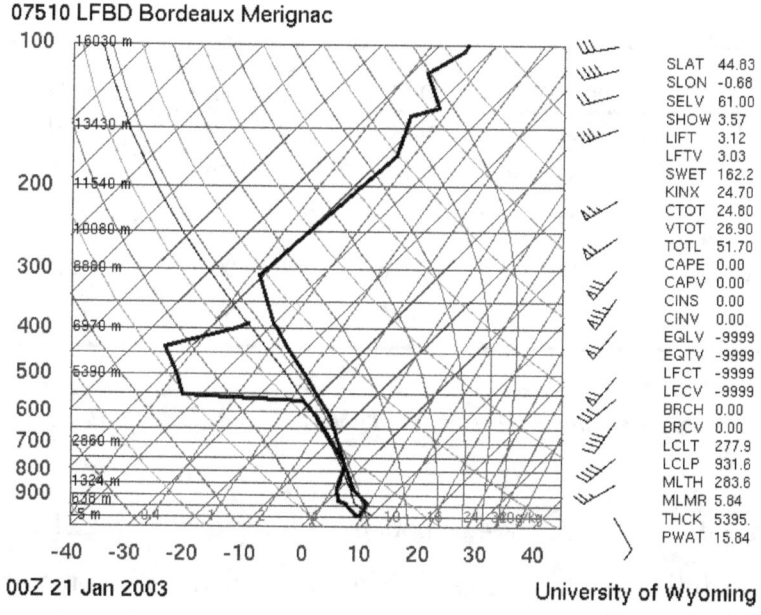

Figura 4.14. 21 enero 2003, 0000 UTC. Burdeos.

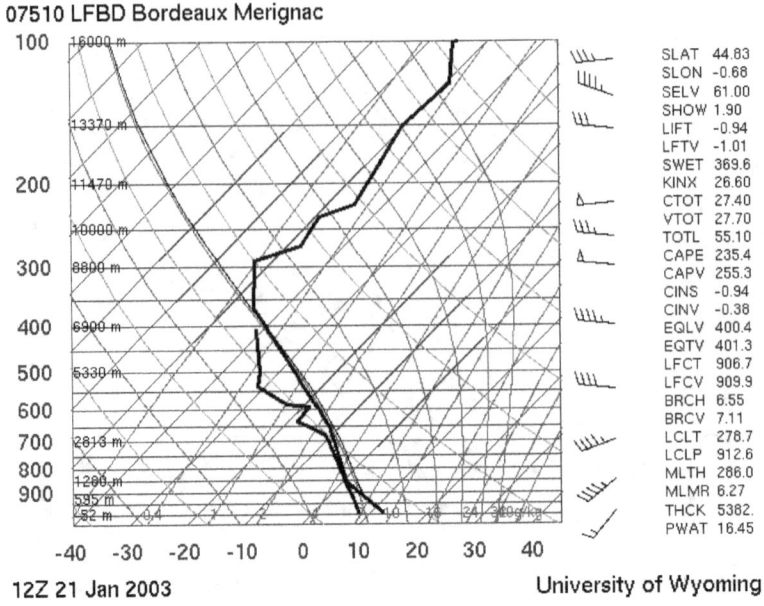

07510 LFBD Bordeaux Merignac

12Z 21 Jan 2003

University of Wyoming

Figura 4.15. *21 enero 2003, 1200 UTC. Burdeos.*

	20 ENERO 0000 UTC	20 ENERO 1200 UTC	21 ENERO 0000 UTC	21 ENERO 1200 UTC
TT	37.10	43.80	51.70	55.10
K	14.50	25.20	24.70	26.60
LI	10.31	12.47	3.12	-0.94
CAPE	0.00	0.00	0.00	235.40
CIN	0.00	0.00	0.00	-0.94

Tabla 4.3. *Índices de estabilidad para los sondeos de Burdeos.*

Para los sondeos de Burdeos (tabla 4.3) podemos ver que el *LI* del 21 de enero de 1200 UTC indica la posibilidad de tormentas aisladas para este día, así como una disminución del *CIN* el cual favorecerá la convección para este día. La velocidad vertical es de $w \approx$ 22 ms^{-1}. Es una velocidad elevada que justificará la convergencia y el posterior ascenso de aire. El índice total de totales también indica posibilidad de tormentas regulares. El índice *K* vemos que llega a alcanzar el 60-80 %.

MADRID

Para este caso, los sondeos realizados en Madrid se representan entre las figuras 4.16 y 4.19.

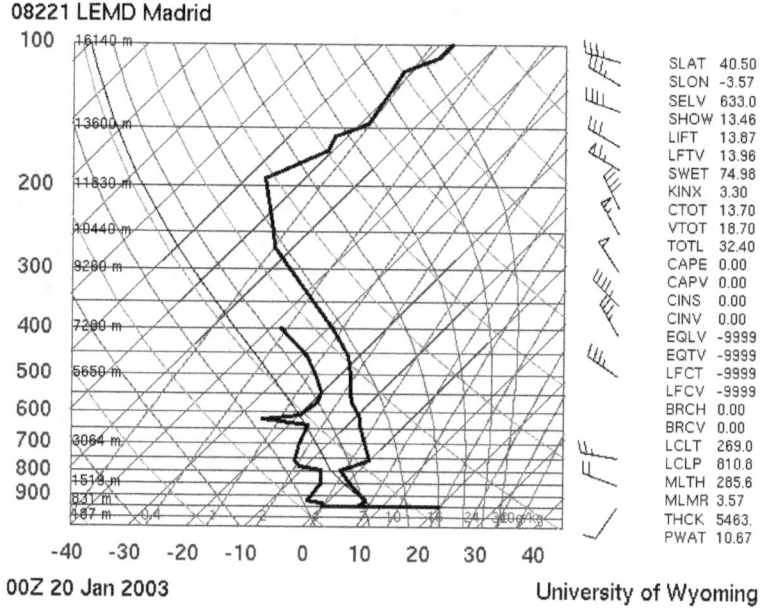

Figura 4.16. *20 enero 2003, 0000 UTC. Madrid.*

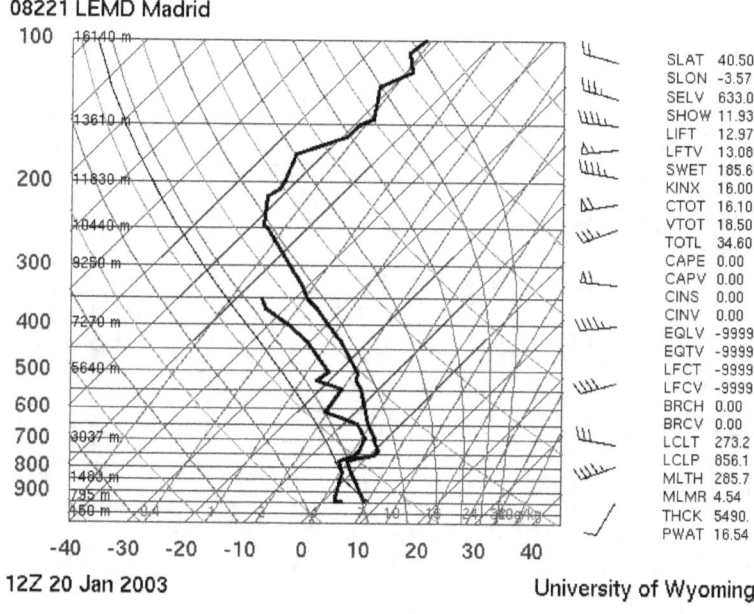

Figura 4.17. *20 enero 2003, 1200 UTC. Madrid.*

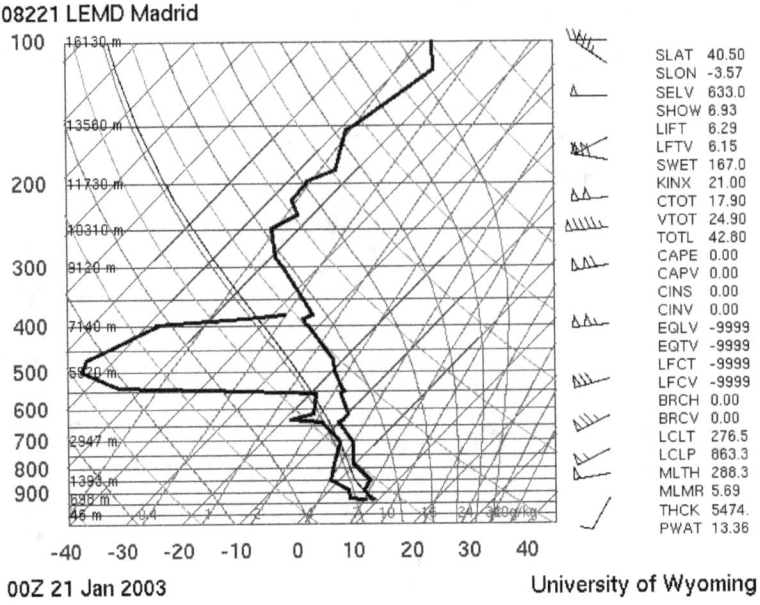

Figura 4.18. *21 enero 2003, 0000 UTC. Madrid.*

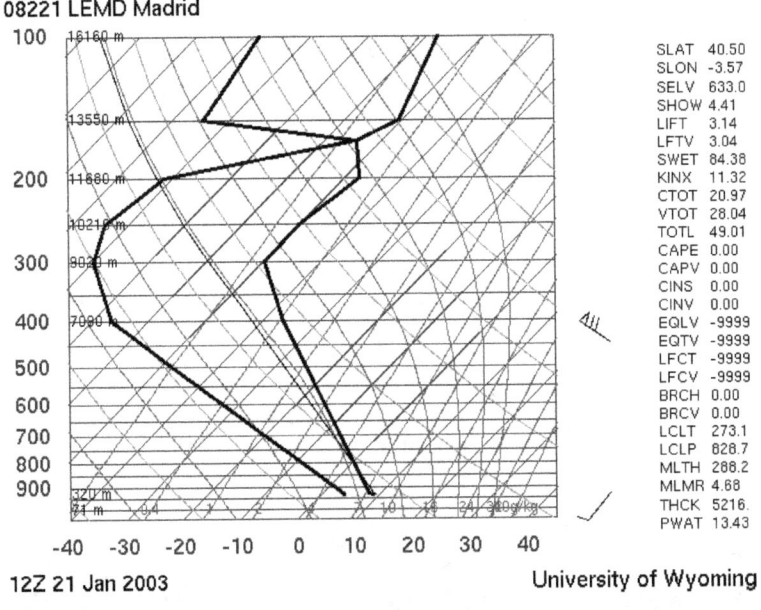

Figura 4.19. *21 enero 2003, 1200 UTC. Madrid.*

	20 ENERO 0000 UTC	20 ENERO 1200 UTC	21 ENERO 0000 UTC	21 ENERO 1200 UTC
TT	42.80	49.01	32.40	34.60
K	21.00	11.32	3.30	16.00
LI	6.29	3.14	13.87	12.97
CAPE	0.00	0.00	0.00	0.00
CIN	0.00	0.00	0.00	0.00

Tabla 4.4. Índices de estabilidad para los sondeos de Madrid.

En la tabla 4.4 correspondiente a los sondeos de Madrid el índice *TT* disminuye a medida que pasan los días, así como el índice *K*. El índice *Lifted Index* (*LI*) es positivo en todos los sondeos, lo que indica un medio estable.

En este caso, los índices de estabilidad de los sondeos de La Coruña y Burdeos donde el frente pasó por estas estaciones indican una posible convección.

4.2. Análisis de la situación sinóptica

En las figuras 4.20 y 4.21 se muestra la situación sinóptica del día 20 de enero a las 0000 UTC y del 23 de enero a las 0000 UTC, respectivamente.

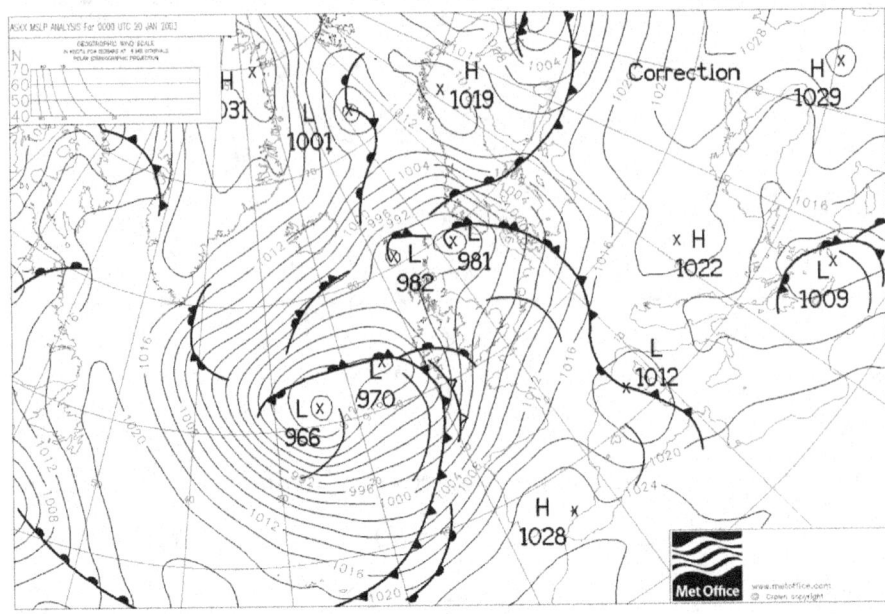

Figura 4.20. Situación sinóptica del día 20 de enero de 2003,0000 UTC.

Podemos observar un área de baja presión sobre el Atlántico que lleva asociado un sistema de frentes cerca de las costas de Portugal con un gradiente de presiones notable lo que indicará la existencia de vientos considerables (figura 4.20). Dicha baja se desplaza hacia las Islas Británicas, lo que hace que el frente pase por la Península Ibérica (figura 4.21).

En 500 hPa se observa para el día 20 (figura 4.22) una baja presión cerca de las Islas Británicas y para el día 21 ésta se encuentra sobre las Islas lo que el frente asociado atraviesa la Península (figura 4.23).

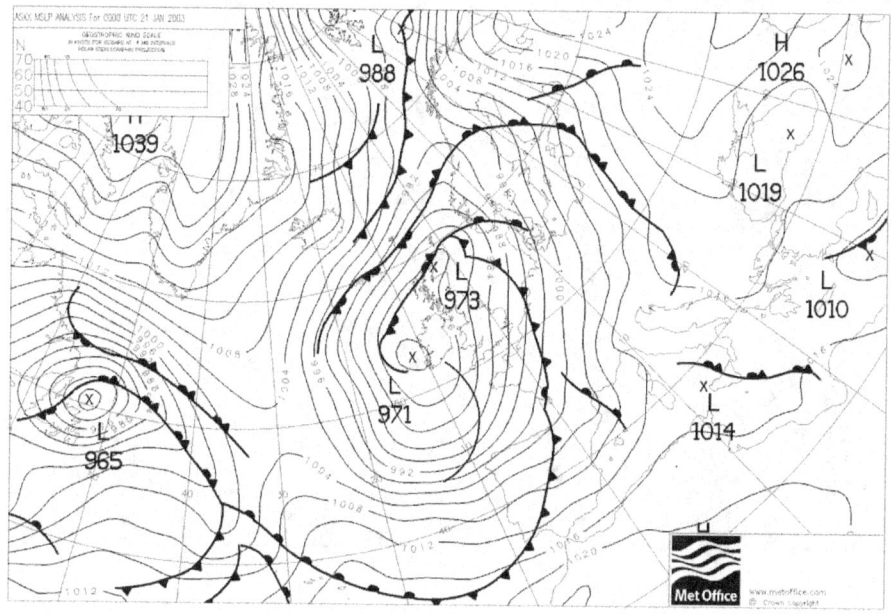

Figura 4.21. Situación sinóptica del día 21 de enero de 2003,0000 UTC.

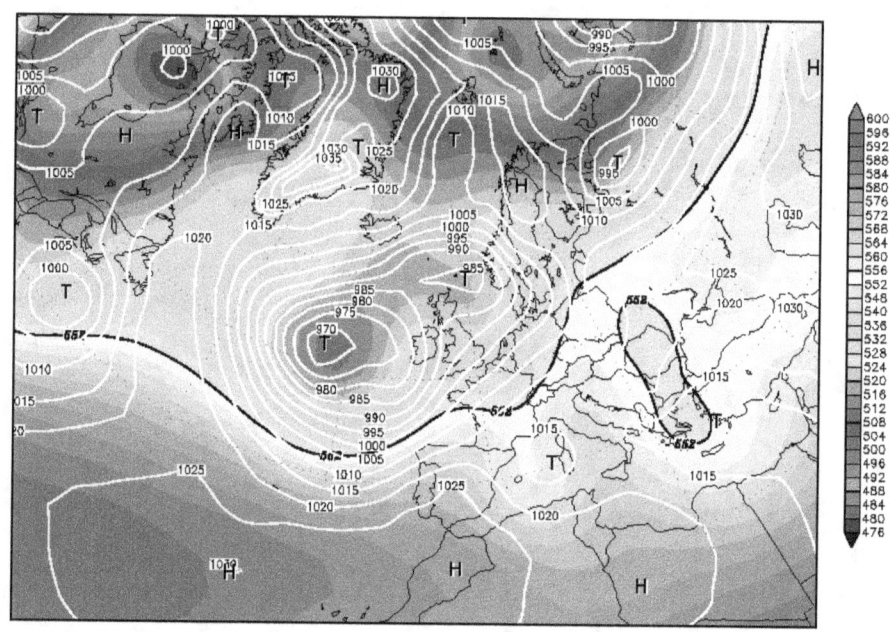

Figura 4.22. *Geopotencial en 500 hPa (color) y presión en superficie en el suelo (líneas), del día 20 de enero de 2003, 0000 UTC.*

43

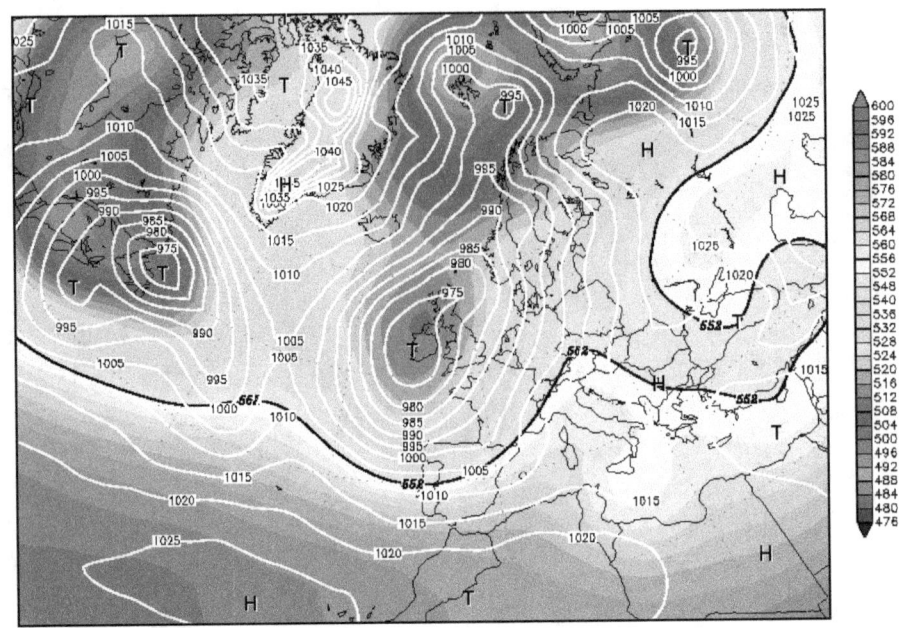

Figura 4.23. Geopotencial en 500 hPa (color) y presión en superficie en el suelo (líneas), del día 21 de enero de 2003, 0000 UTC.

5. RESULTADOS

En este apartado se muestran los resultados obtenidos durante los días 18-19 de diciembre del 2000, y 20- 21 de enero de 2003, después de calcular la posición geográfica (latitud y longitud del centro de gravedad) de las nubes convectivas que se encuentran dentro del frente según los umbrales de temperatura de brillo (-52 °C) y área (1000 km^2), y realizar posteriormente la correlación de las posiciones para buscar un posible alineamiento de las nubes con el fin de poder compararlo con la inclinación del propio frente. Obtenidas las pendientes del conjunto de nubes y del frente, se calculan sus ángulos respecto a los paralelos geográficos para obtener la diferencia entre el ángulo de las nubes y del frente, para así conocer la relación que existe entre la orientación del frente y las nubes de naturaleza convectiva que se encuentran contenidas en él.

Con el test de Student se ha visto si el valor obtenido de la correlación del ajuste de las posiciones del conjunto de nubes es significativo, así, hemos utilizado el nivel de significación $\alpha = 0.10$, es decir, nivel de confianza del 90 %. Aquellos casos en los que el coeficiente r obtenido en el ajuste sea inferior al coeficiente que proporciona el test de Student, no los consideraremos por no ser suficientemente significativos.

5.1. Situación 18-19 diciembre 2000

A continuación, se presentan las tablas de los resultados de los días 18 y 19 de diciembre de 2000 (tablas 7.1 y 7.2). En cada una de ellas se indica el número de nubes convectivas dentro del frente, la pendiente o inclinación calculada por mínimos cuadrados del conjunto de nubes y del frente con sus respectivos coeficientes de correlación. También se muestran los ángulos que forman estas pendientes respecto a los paralelos geográficos y la diferencia de ángulos entre ellas.

18 de diciembre de 2000

HORA	Nº DE NUBES	PENDIENTE NUBES	r^2	ANGULO NUBES	PENDIENTE FRENTE	r^2	ANGULO FRENTE	DIFERENCIA DE ÁNGULOS
1200	5	0.7317	0.9769	36.19	0.2514	0.1749	14.10	22.08
1430	8	0.4221	0.8025	22.88	0.2497	0.2000	14.02	8.86
1500	8	0.6182	0.8653	31.72	0.2120	0.2132	14.10	17.62
1600	4	1.0430	0.9643	46.21	0.2417	0.3266	13.59	32.62
1730	5	0.9013	0.9612	42.03	0.3461	0.6247	19.09	22.94
1800	7	0.8643	0.9517	40.84	0.3512	0.6184	19.35	21.49
1830	6	0.8291	0.8815	39.66	0.3015	0.3434	16.78	22.88
1900	7	0.8183	0.8823	39.29	0.3391	0.4196	18.73	20.56
1930	5	0.7134	0.9191	35.50	0.3389	0.4182	18.72	16.78
2000	6	0.5576	0.8410	29.14	0.3569	0.4270	19.64	9.50
2130	9	0.5041	0.5259	26.75	0.3484	0.4154	19.21	7.54
2200	10	1.6041	0.8654	58.06	0.3508	0.4153	19.33	38.73
2230	5	1.6078	0.9012	58.12	1.1013	0.7223	47.76	10.36
2300	6	1.5542	0.9011	57.24	1.0867	0.7545	47.38	9.86
2330	6	1.4089	0.8875	54.63	0.7263	0.5299	35.99	18.64

Tabla 5.1. Resultados del día 18 de diciembre de 2000.

Se puede observar en la tabla 5.1 como los coeficientes de correlación (en la tabla se presentan los coeficientes de determinación r^2) del ajuste de las nubes están comprendidos entre los 0.89 y 0.98, que superaban sobradamente el criterio utilizado del test de Student para el nivel de significación de 0.1, lo que indica que las posiciones de los sistemas convectivos forman un claro alineamiento. Sin embargo, a las 2130 UTC donde el coeficiente de determinación r^2 es de 0.5259, a pesar de superar el test, puede considerarse ciertamente dudoso.

La diferencia de ángulos entre la pendiente del conjunto de nubes y la del frente evolucionan desde las 1200 UTC con 22 grados hasta llegar a menos de 19 a las 2330 UTC, lo que indica que prácticamente la diferencia de ángulos es constante. El promedio de la diferencia de ángulos es 18.70 grados.

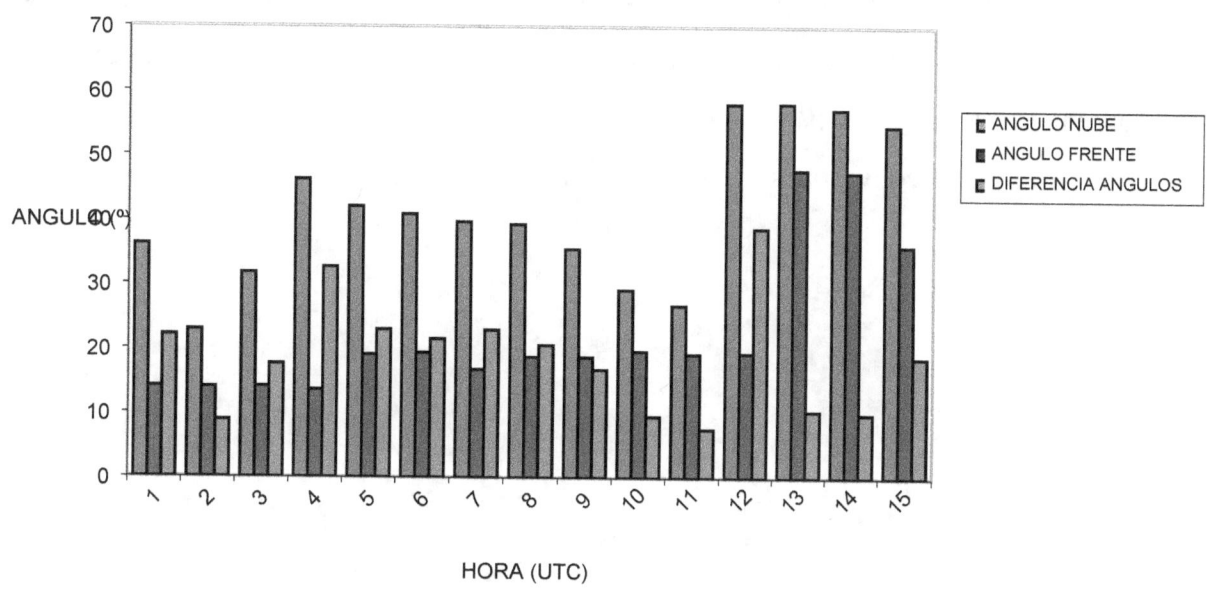

Figura 5.1. Gráfica donde está representado el ángulo de la nube, del frente y la diferencia entre sus ángulos en función de la hora (UTC) para el día 18 de diciembre de 2000.

En la figura 5.1 están representados los ángulos de la pendiente de las nubes, del frente y la diferencia entre sus ángulos. Podemos ver como en todas las horas el ángulo de las nubes es mayor que la del frente y la su diferencia, siempre positiva, está comprendida entre los 10 y 40 grados. Esto podría interpretarse porque la convección generada en el interior del frente, se adelanta al eje del sistema frontal en latitudes inferiores mientras que la misma actividad convectiva se produce para zonas más retrasadas en latitudes superiores.

La inclinación del alineamiento de nubes y de orientación del frente decrece en ambos caso hasta las 2130 UTC, y por otro lado, la diferencia de los ángulos entre la pendiente de las nubes convectivas y el frente se mantiene muy uniforme hasta llegar a las 2200 UTC donde esta diferencia aumenta considerablemente. Todo ello puede ser debido a que en la evolución del frente desde las 1200 UTC hasta llegar a las 2200 UTC es bastante regular, siguiéndose una masa nubosa compacta. Pero a las 2200 UTC dicha masa se fracciona y el programa informático desarrollado para su seguimiento abandona la de menor superficie. Todo esto motiva un cambio brusco en las pendientes de los dos ajustes (ver figuras 5.2 y 5.3). Como consecuencia debería estudiarse separadamente las dos situaciones.

En las figuras 5.2 y 5.3 se presentan las imágenes correspondientes al canal infrarrojo térmico (IR) de cada una de las horas del día 18 de diciembre de 2000, contorneadas con una escala de grises para aquellas temperaturas de brillo que sean ≤ -52 °C para el caso de las nubes convectivas y ≤ -25 °C para el frente.

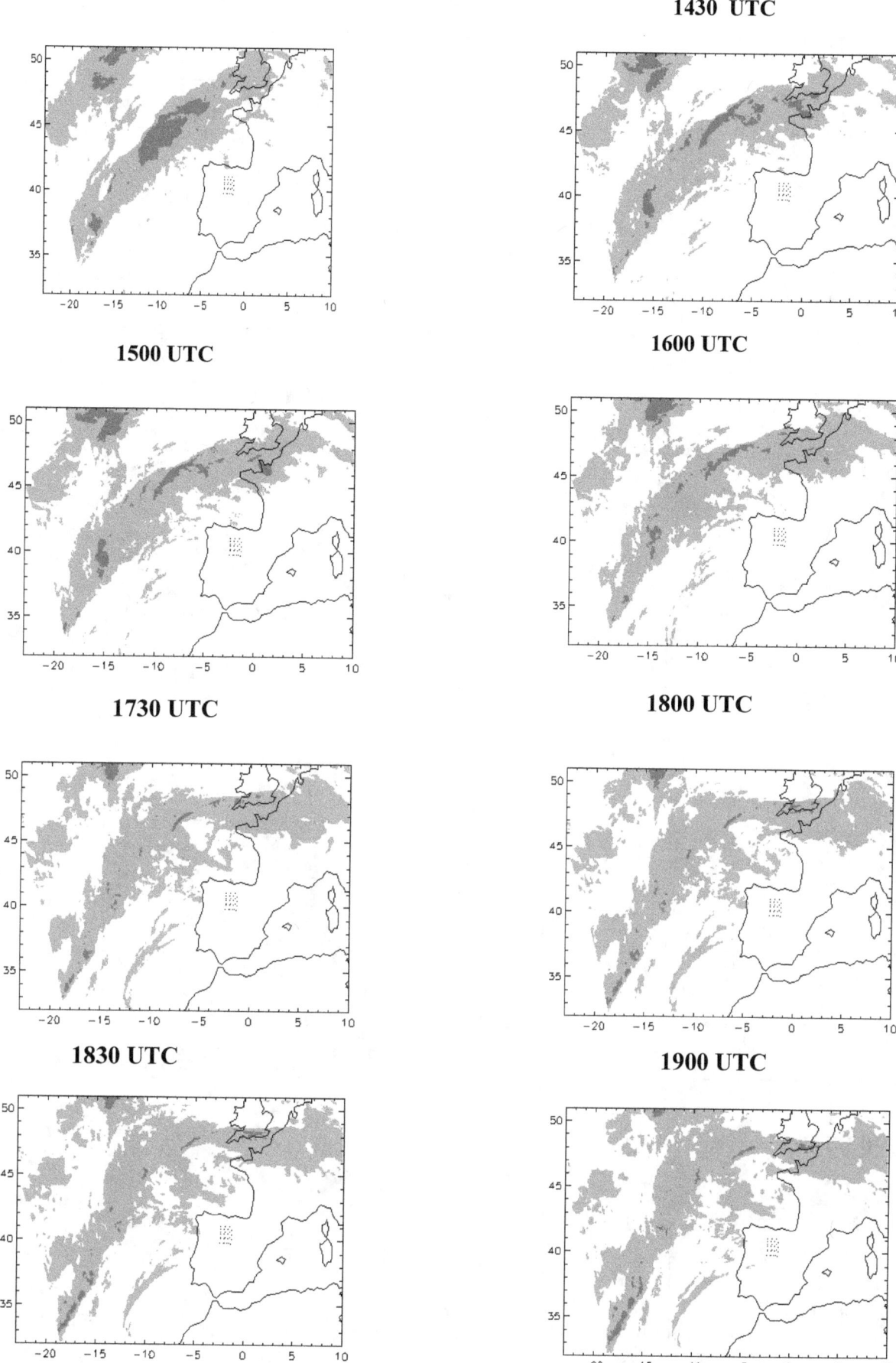

Figura 5.2. *Imágenes contorneadas en escala de grises para aquellas temperaturas de brillo que sean ≤–52 ºC para el caso de las nubes convectivas, y ≤ –25 º C para el frente, entre las 1200 y 1900 UTC del día 18 de diciembre de 2000.*

49

1930 UTC

2000 UTC

2130 UTC

2200 UTC

2230 UTC

2300 UTC

2330 UTC

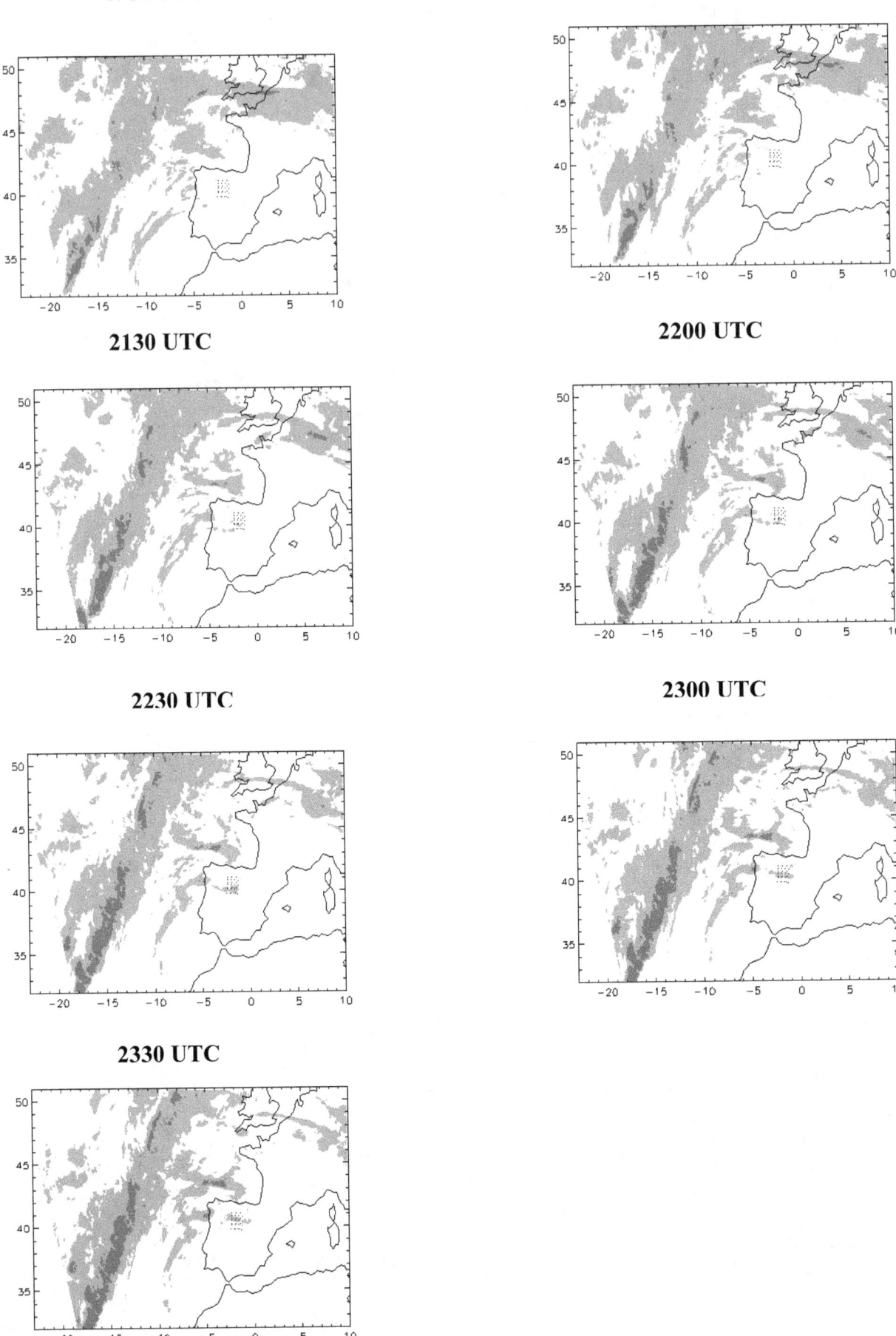

Figura 5.3. *Ídem que figura 5.2 entre las 1930 y 2330 UTC para el día 18 de diciembre de 2000.*

50

HORA	N° DE NUBES	PENDIENTE NUBES	r^2	ANGULO NUBES	PENDIENTE FRENTE	r^2	ANGULO FRENTE	DIFERENCIA DE ÁNGULOS
0000	9	1.6769	0.9519	59.19	1.1168	0.7021	48.16	11.03
0030	9	1.7025	0.9129	59.57	0.6820	0.5060	34.32	25.25
0100	8	1.6146	0.9038	58.22	0.6445	0.4163	32.80	25.43
0130	7	1.6414	0.8519	58.64	0.5932	0.3655	30.68	27.97
0200	10	1.8568	0.8073	61.69	0.5888	0.3711	30.49	31.20
0230	13	2.0781	0.8928	64.30	0.5866	0.3724	30.40	33.90
0300	9	1.9364	0.9090	62.68	0.5792	0.3728	30.08	32.61
0330	7	2.283	0.9073	66.34	0.5584	0.3682	29.18	37.17
0400	10	2.0565	0.7471	64.06	0.5452	0.3533	28.60	35.47
0430	9	2.1357	0.7481	64.90	0.5314	0.3274	27.99	36.92
0600	10	1.8954	0.7246	62.18	0.5254	0.3170	27.72	34.46

Tabla 5.2. Resultados del día 19 de diciembre de 2000.

Para el día 19 de diciembre de 2000 (tabla 5.2) la diferencia de ángulos entre la pendiente de las nubes convectivas y el frente evolucionan desde las 0000 UTC con 11 grados hasta llegar a las 0600 UTC con casi 35 grados de diferencia lo que indica que tienden a separarse las pendientes. La media calculada de la diferencia de ángulos para este día es de 30.13 grados. En este caso, el coeficiente de determinación de la pendiente de las nubes está comprendido entre los 0.72 y 0.95, lo que indica que las posiciones de las nubes no están muy dispersas dentro del frente. Por ello, las nubes forman un cierto alineamiento entre sí.

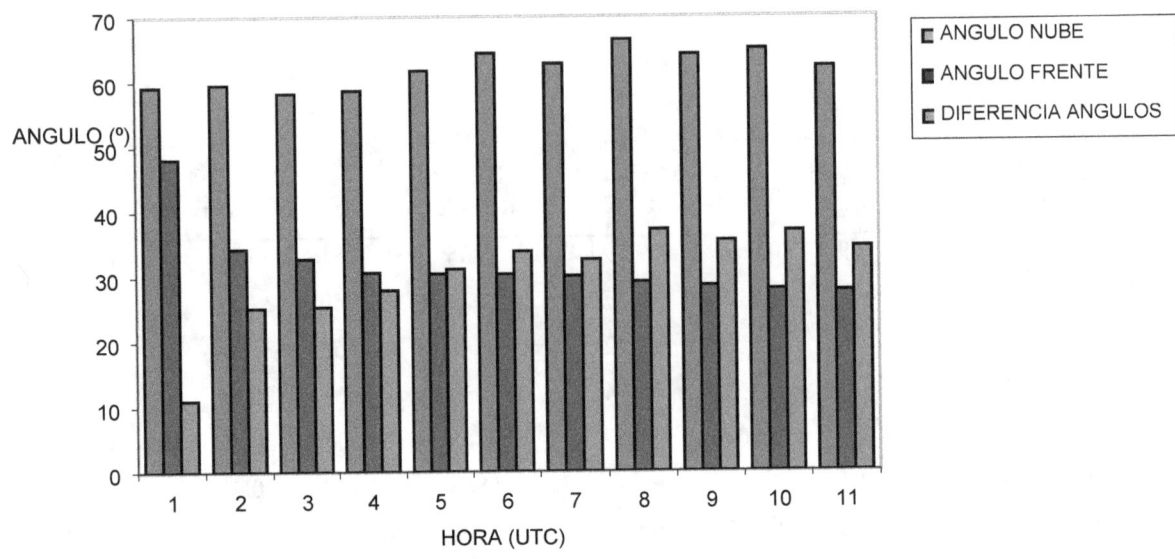

Figura 5.4. Ídem que figura 5.1, pero para el día 19 de diciembre de 2000.

Podemos ver en la figura 5.4 como el ángulo de la pendiente del grupo de nubes es mayor que el ángulo que forma la inclinación del frente como también se observa en la tabla anterior. La diferencia de ángulos aumenta desde las 0000 UTC hasta llegar a las 0600 UTC lo que indica que las pendientes del conjunto de nube y del frente se separan. La diferencia de ángulos está comprendida entre los 10 y 35 grados.

Las figuras 5.5 y 5.6 corresponden a las imágenes contorneadas del día 19 de diciembre de 2000.

Un análisis de los datos con los dos días en conjunto, considerando un único episodio, daría como resultado que la evolución en el movimiento del sistema frontal y de las nubes de desarrollo inmersas en él, tiene un comportamiento regular con desplazamiento zonal en ambos casos. No hay variaciones importantes en las inclinaciones, aunque la propia progresión del sistema pueda dar situaciones de variaciones bruscas en los resultados obtenidos por el método, como se ha visto con el fraccionamiento o disgregación del sistema frontal. Esto último podría estar motivado por la aparición de frontolisis que debido a las limitaciones del trabajo no ha podido ser estudiada.

0000 UTC

0030 UTC

0100 UTC

0130 UTC

0200 UTC

0230 UTC

0300 UTC

0330 UTC

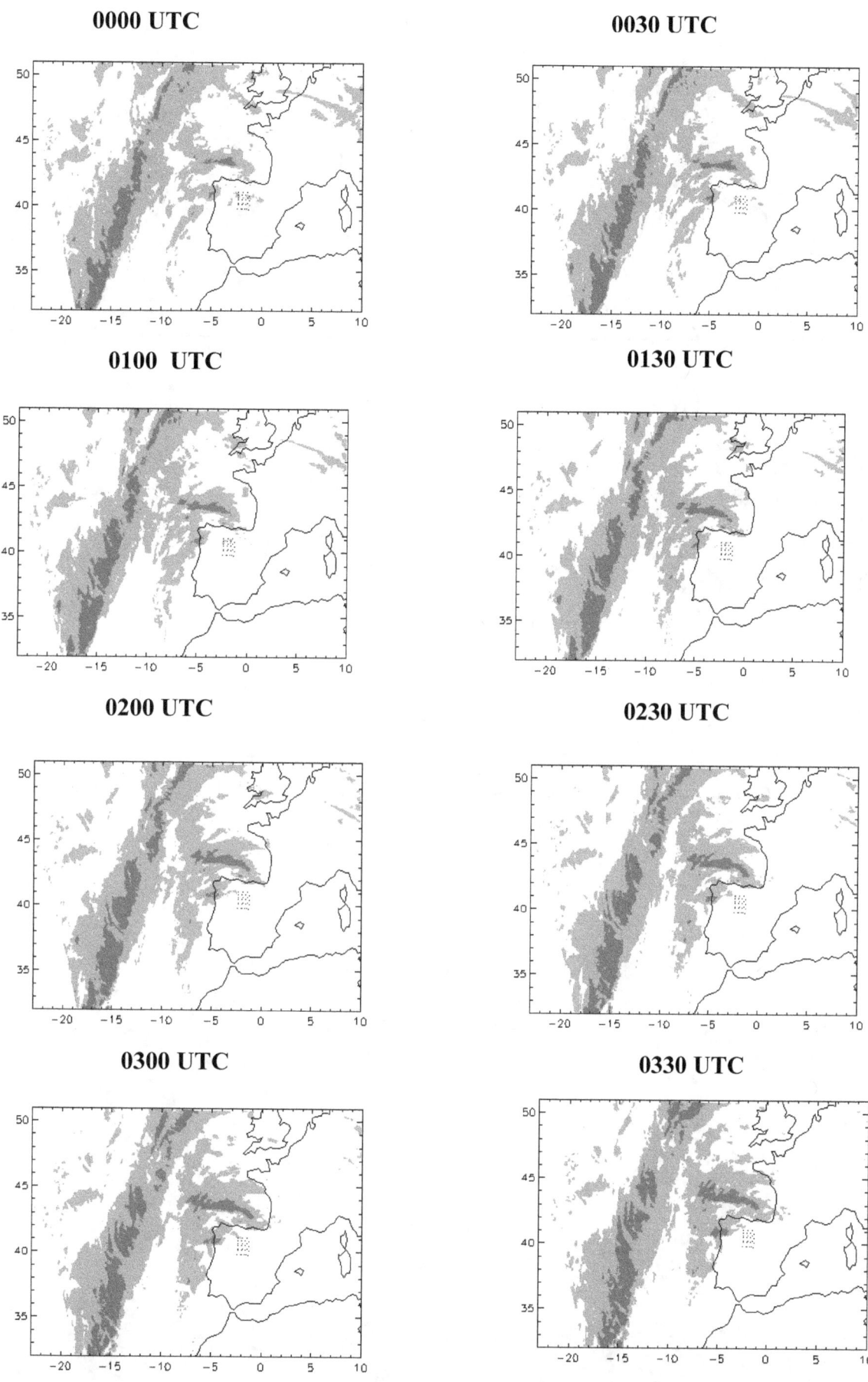

Figura 5.5. Ídem que figura 5.2 entre las 0000 y 0330 UTC del día 19 de diciembre de 2000.

0400 UTC

0430 UTC

0600 UTC

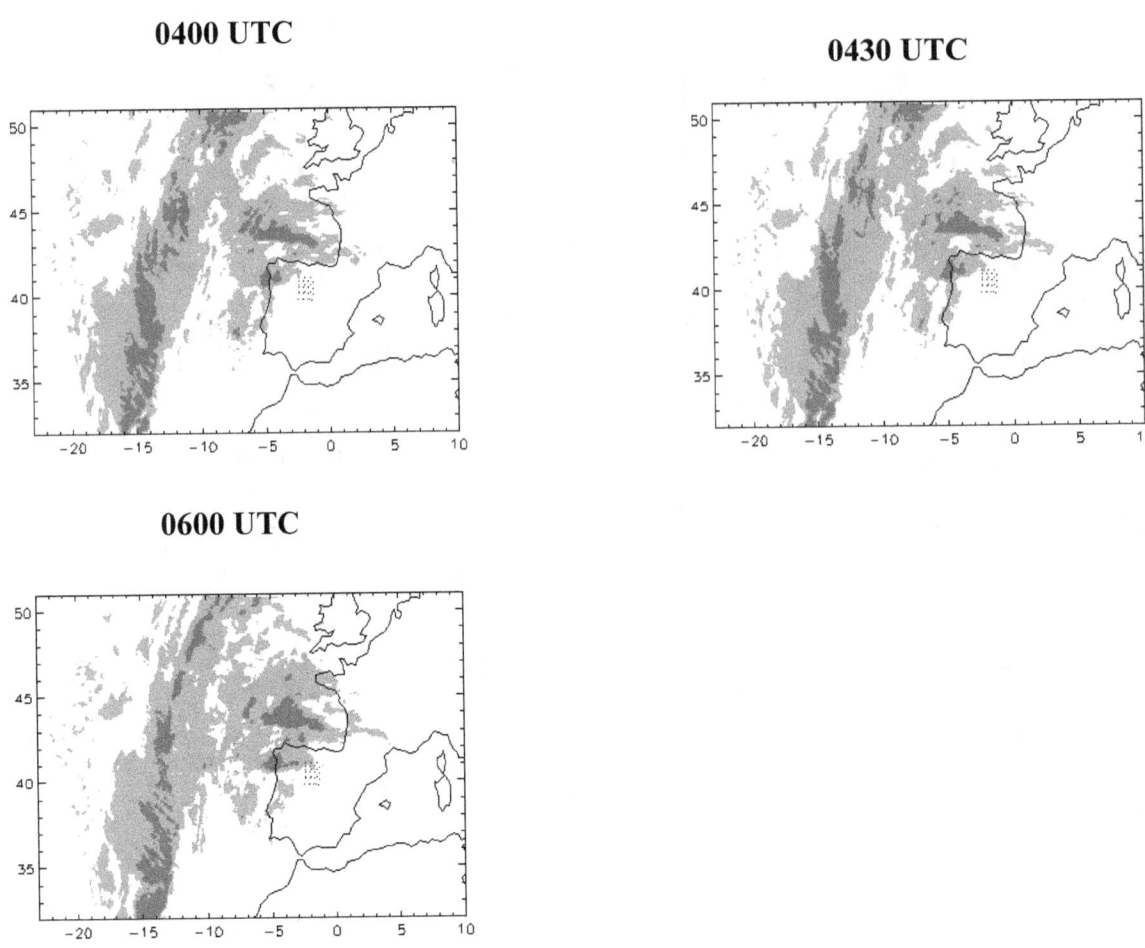

Figura 5.6. Ídem que figura 5.2 entre las 0400 y 0660 UTC del día 19 de diciembre de 2000.

5.2. Situación 20-21 enero 2003

Los resultados obtenidos para los días 20 y 21 de enero de 2003 se muestran en las tablas 5.3 y 5.4.

20 de enero de 2003

HORA	Nº DE NUBES	PENDIENTE NUBES	r^2	ANGULO NUBES	PENDIENTE FRENTE	r^2	ANGULO FRENTE	DIFERENCIA DE ÁNGULOS
0600	10	0.7529	0.9794	36.98	0.5635	0.5906	29.40	7.68
0630	12	0.7115	0.8437	35.43	0.5525	0.6390	28.92	6.51
1500	7	1.0336	0.6890	45.95	0.5776	0.6317	30.01	15.94
1530	7	0.9111	0.6351	42.34	0.5609	0.5527	29.29	13.05
1630	7	0.8631	0.5962	40.80	0.5148	0.5135	27.24	13.56
1800	7	0.7506	0.6134	36.89	0.5324	0.6164	28.03	8.86
2100	6	1.0940	0.9588	47.57	0.7226	0.6313	35.85	11.72
2130	4	1.3284	0.9341	53.03	0.6901	0.6591	34.61	18.42
2200	7	1.3125	0.7332	52.70	0.6319	0.6401	32.29	20.41
2230	5	1.2028	0.8593	50.26	0.6390	0.6324	35.58	17.68
2300	6	1.2151	0.8711	50.55	0.6561	0.6585	33.27	17.28
2330	8	1.2751	0.7889	51.89	0.6702	0.6676	33.83	18.06

Tabla 5.3. Resultados del día 20 de enero de 2003.

Según la tabla 5.3 la diferencia de ángulos entre la pendiente de las nubes y el frente evoluciona, desde el inicio de la detección del sistema frontal en la región de estudio, a las 0600 UTC con 8 grados hasta llegar a las 2330 UTC con 18 grados, lo que indica que tienden a alejarse. El promedio de la diferencia de ángulos es 14.20 grados. En este caso el coeficiente de determinación de la pendiente de las nubes está comprendido entre los 0.59 y 0.97, lo que indica que las posiciones de las nubes convectivas están bastante en línea.

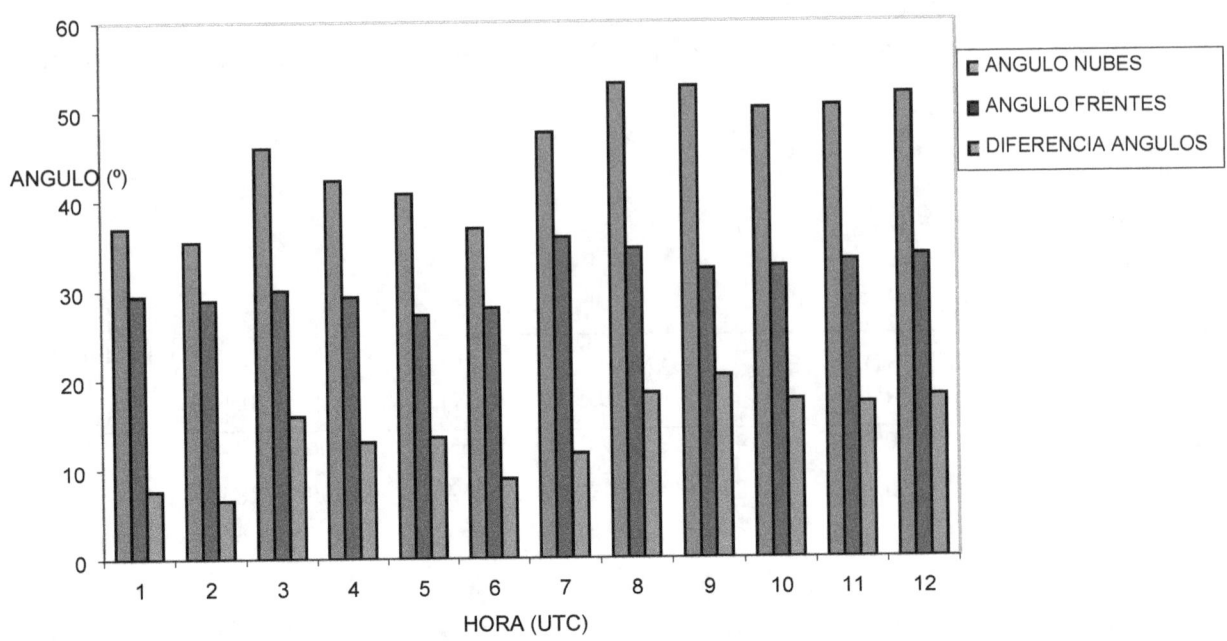

Figura 5.7. Ídem que figura 5.1, pero para el día 20 de enero de 2003.

En la figura 5.7 se muestra una situación semejante que en los otros casos, donde el ángulo de la pendiente del grupo de nubes es mayor que el ángulo de la inclinación del frente. La misma interpretación que se propuso en el apartado anterior puede valer en éste con relación al avance relativo de las nubes de evolución vertical respecto al sistema frontal. La diferencia de ángulos está comprendida entre los 5 y 20 grados. Podemos ver con la diferencia entre ángulos de la pendiente de las nubes que no existe una tendencia clara en el comportamiento estudiado a lo largo del día 20 de enero.

A continuación, se muestran las imágenes contorneadas en escala de grises del frente y de las nubes convectivas del día 20 de enero de 2003.

0600 UTC

0630 UTC

1500 UTC

1530 UTC

1630 UTC

1800 UTC

2100 UTC

2130 UTC

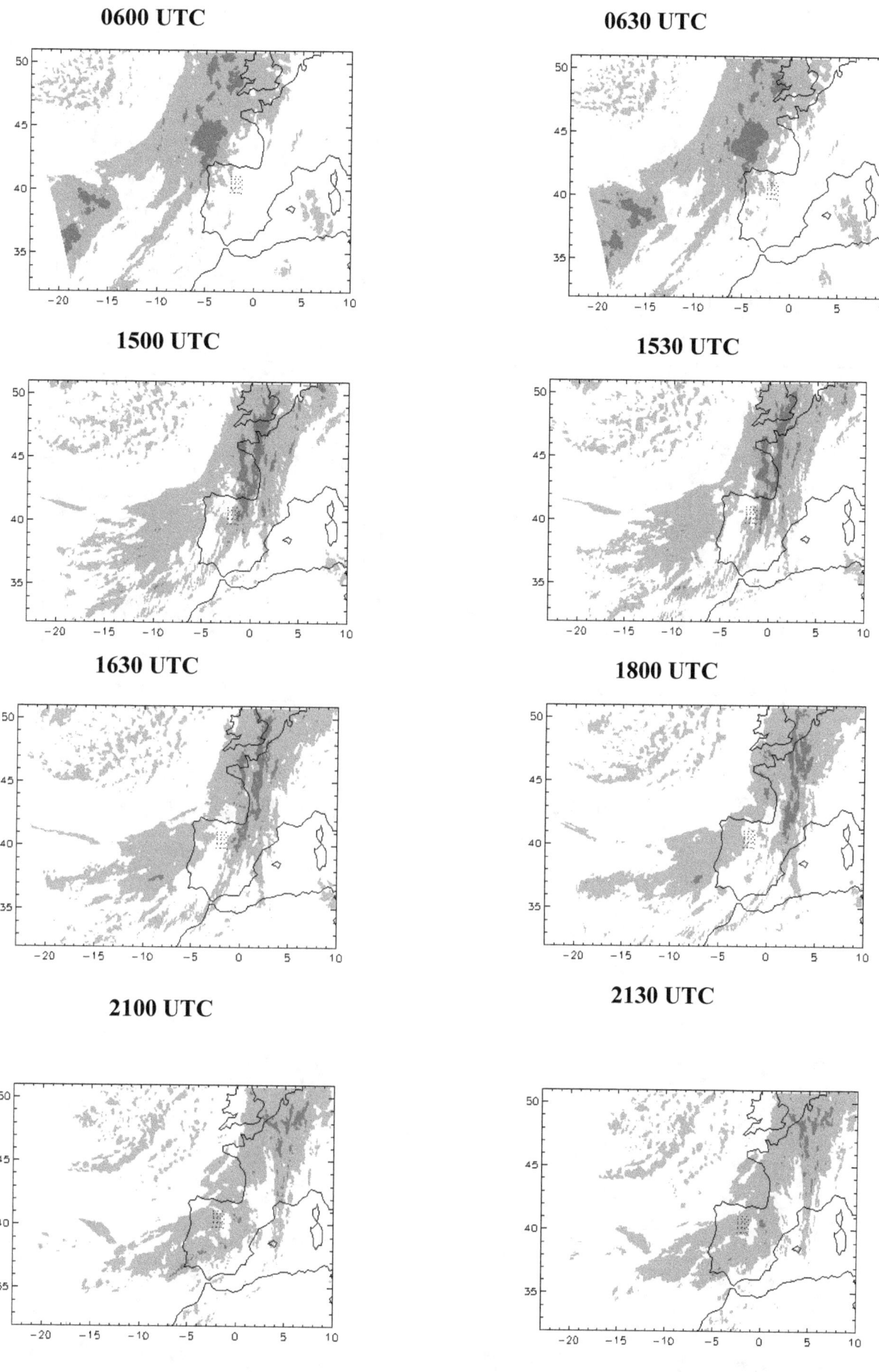

Figura 5.8. Ídem que figura 5.2 entre las 0600 y 2130 UTC del día 20 de enero de 2003.

57

2200 UTC **2230 UTC**

2300 UTC **2330 UTC**

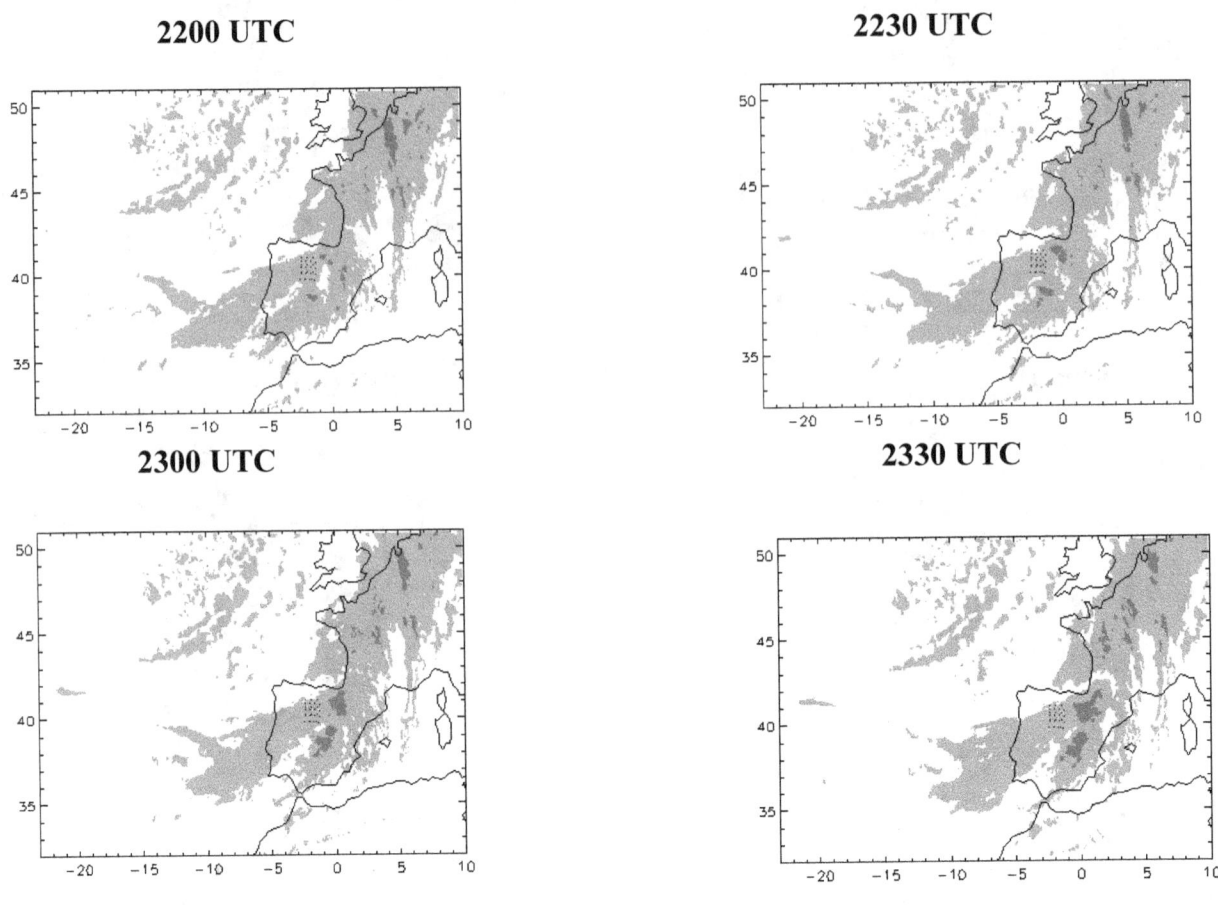

Figura 5.9. Ídem que figura 5.2 entre las 2200 y 2330 UTC del día 20 de enero de 2003.

58

HORA	Nº DE NUBES	PENDIENTE NUBES	r^2	ANGULO NUBES	PENDIENTE FRENTE	r^2	ANGULO FRENTE	DIFERENCIA DE ÁNGULOS
0030	9	1.2330	0.6724	50.96	0.6929	0.7092	34.72	16.29
0100	12	1.0908	0.5621	47.49	0.6937	0.6751	34.75	12.74
0200	11	1.1428	0.6585	48.81	0.6174	0.5658	31.69	17.12
0230	7	1.4663	0.8097	55.71	0.6322	0.5619	32.30	23.41
0300	10	1.0055	0.6449	45.16	0.5056	0.4338	26.82	18.34
1030	19	0.8258	0.7540	39.55	0.5266	0.4678	27.77	11.78
1200	10	1.0462	0.8581	46.29	0.8032	0.5051	38.77	7.52
1430	11	0.8627	0.8783	40.78	0.6868	0.4309	34.48	6.30
1530	9	0.7517	0.8215	36.93	0.7073	0.4312	35.27	1.66
1600	6	0.7309	0.7553	36.16	0.7146	0.4599	35.55	0.61
1700	5	0.7485	0.8419	36.81	0.7151	0.4699	35.57	1.24
1800	5	0.8395	0.8494	40.01	0.7448	0.4861	36.68	3.33
1830	5	0.8441	0.7793	40.17	0.8127	0.5557	39.10	1.07

Tabla 5.4. Resultados del día 21 de enero de 2003.

Como se puede apreciar en la tabla 5.4, los coeficientes de determinación r^2 obtenidos del ajuste de las posiciones de la serie de nubes que forman el frente están comprendidos entre 0.56 y 0.87, lo que nos dice de las nubes que están bastante alineadas. La diferencia de ángulos para este día empieza a las 0300 UTC con 16 grados de diferencia para terminar a las 1830 UTC con un poco más de 1 grado lo que indica que la inclinación del conjunto de nubes y del frente se igualan. El cálculo de la media de la diferencia de ángulos nos un valor de 9.34 grados. La figura 5.10 muestra estos mismos resultados de una forma más ilustrativa.

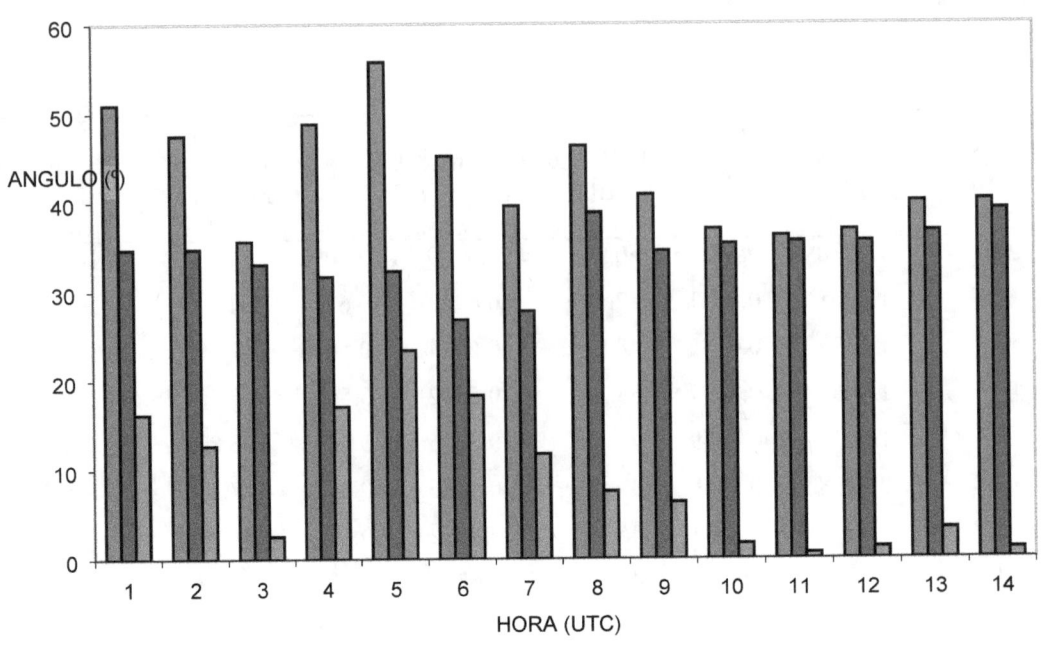

Figura 5.10. *Ídem que figura 5.1, pero para el día 21 de enero de 2003.*

El estudio completo del episodio refleja que el paso del frente sobre la Península Ibérica se produce, básicamente, con desplazamiento zonal, sin una tendencia definida en las diferencias de orientación entre el sistema frontal y las nubes de evolución. Este resultado ya había sido observado en el episodio analizado anteriormente.

El acercamiento entre pendientes en la fase final del fenómeno estudiado resulta difícil de justificar, sobre todo, teniendo en cuenta que el sistema frontal comienza a salirse de la región analizada, según se observa en las figuras 5.11 y 5.12.

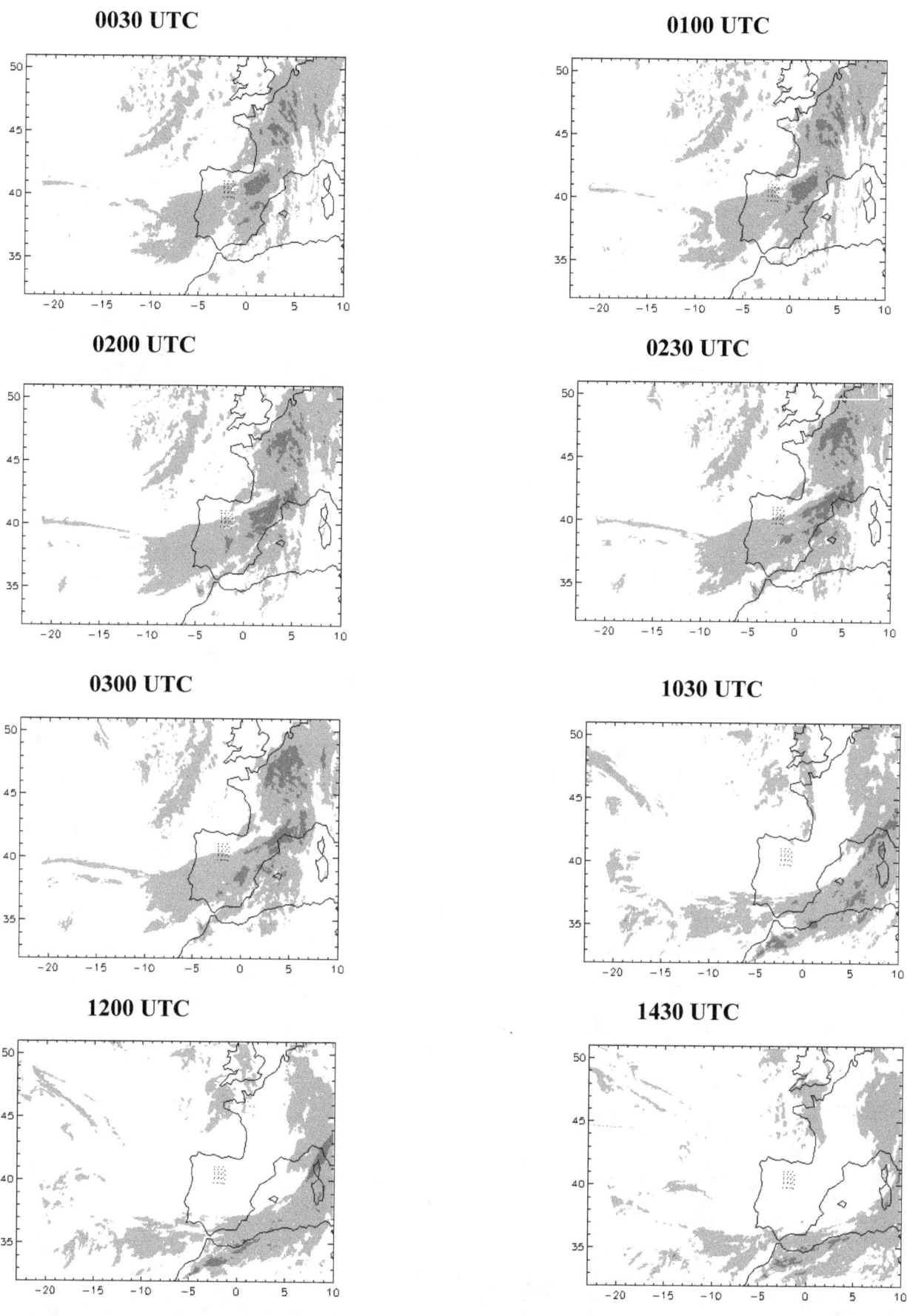

Figura 5.11. Ídem que figura 5.2 entre las 0030 y 1430 UTC del día 21 de enero de 2003.

61

1530 UTC

1600 UTC

1700 UTC

1800 UTC

1830 UTC

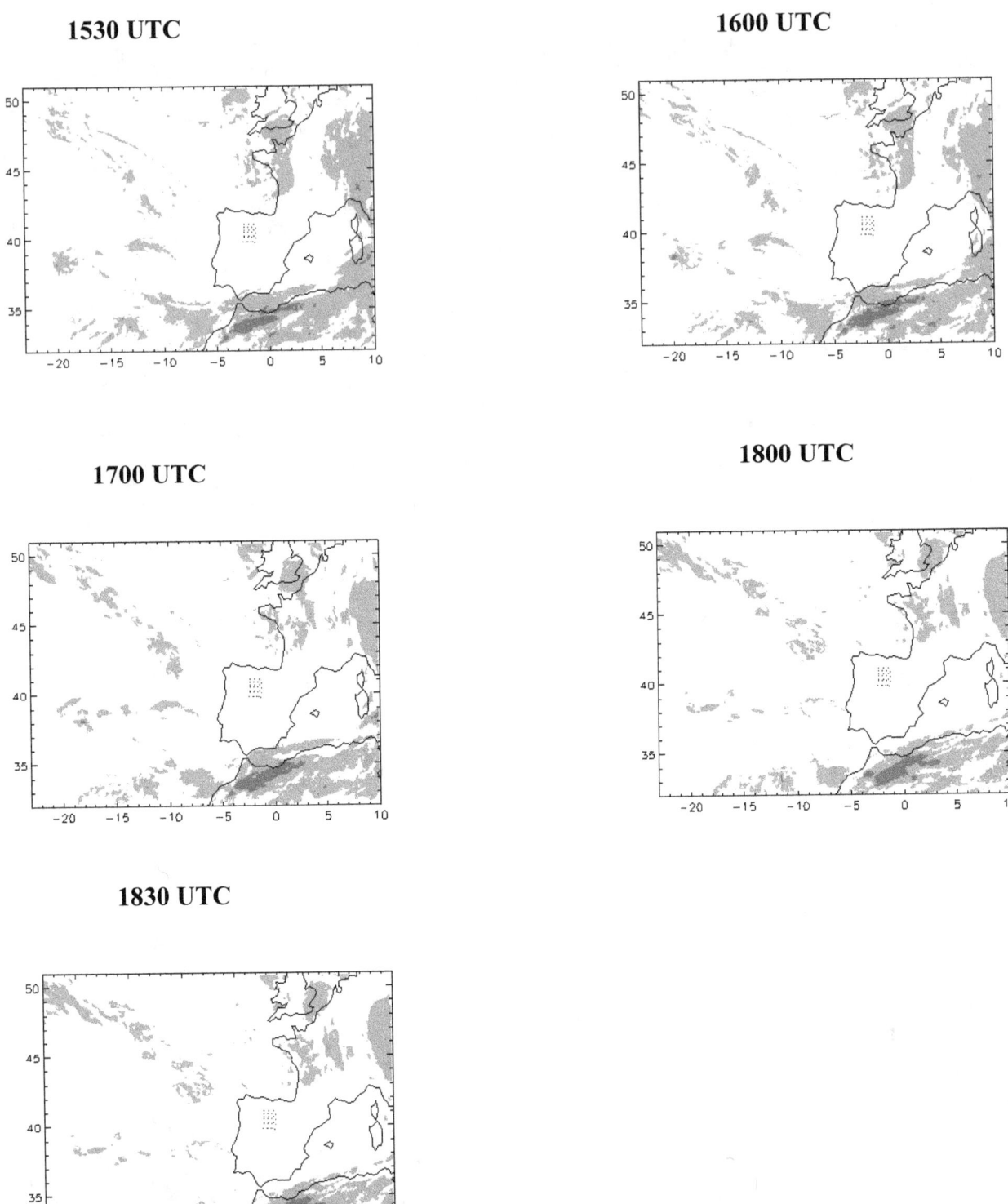

Figura 5.12. Ídem que figura 5.2 entre las 1530 y 1830 UTC del día 20 de enero de 2003.

6. RESUMEN Y CONCLUSIONES

Mediante el procedimiento de la determinación de zonas nubosas con diferentes temperaturas de brillo proporcionadas por la observación remota desde el satélite Meteosat, y fijando ciertos valores umbrales, pueden identificarse sistemas nubosos de naturaleza distintas, como nubes de evolución vertical dentro de un sistema frontal extenso de cima de nube a menor altura.

Este trabajo ha consistido fundamentalmente en el desarrollo de una metodología conducente a la identificación y descripción de fenómenos en los que se relacionan áreas nubosas de distinta naturaleza. En él se han obtenido los resultados que se resaltan a continuación para dos episodios de paso de sistemas frontales sobre la Península Ibérica.

Las imágenes que se han empleado corresponden a los días 18-19 de diciembre de 2000, y 20-21 de enero de 2003 donde se inició en cada una de las situaciones un frente en el Océano Atlántico que evolucionó hasta llegar a la Península Ibérica. Gracias a las imágenes del canal IR del satélite Meteosat, se ha realizado el estudio de las propiedades de las nubes convectivas ligadas al frente mediante unos umbrales de temperatura de brillo y tamaño.

A partir de los diagramas termodinámicos comprobamos que el desarrollo convectivo se vio favorecido por el paso del frente en las diferentes estaciones de sondeo. Con la situación sinóptica de los días de estudio se detallan las áreas de baja presión que favorecen la aparición de los frentes que pueden pasar por la Península.

Después de los resultados obtenidos durante las situaciones de los días 18-19 de diciembre de 2000, y 20-21 de enero de 2003 que el frente generado en cada uno de estos días tiene asociadas nubes convectivas las cuales forman un cierto alineamiento. Las pendientes o inclinaciones obtenidas por medio de la correlación por mínimos cuadrados de sus posiciones geográficas (la latitud y longitud del centro de gravedad) son mayores, en general, que la inclinación del propio frente.

El desplazamiento de todo el sistema frontal y de las nubes de desarrollo vertical se produce básicamente según un movimiento zonal, lo que se deduce de la cierta regularidad en la evolución de las pendientes estudiadas.

La diferencia entre los ángulos de las nubes de desarrollo y el propio frente es positiva, lo que indica que el desarrollo convectivo se produce antes (según el avance zonal del sistema frontal) en latitudes inferiores que en las superiores.

En futuros desarrollos, se pretende profundizar más en el estudio de las propiedades de las nubes ligadas a un frente, con la realización de una estadística más extensa con más situaciones, una ampliación de la región de estudio, el análisis de otras propiedades, como pudiera ser la relación de áreas limitadas por las líneas de temperaturas umbrales manejadas en este trabajo, etc.

BIBLIOGRAFÍA

BADER, M. J., FORBES, G. S., GRANT, J. R., LILLEY, R. B. E., and WATERS, A. J., 1995: *Images in Weather Forecasting; A Practical Guide for Interpreting Satellite and Radar Imagery* (Cambridge: Cambridge University Press).

BANKERT, R. L., 1994: Cloud classification of AVHRR imagery in maritime regions using a Probabilistic Neural Network. *Journal of Applied Meteorology*, 33, 909-918.

BANKERT, R. L., AHA, D. W., 1996: Improvement to a neural network cloud classifier. *Journal of Applied Meteorology*, 35, 2036-2039.

CARVALHO, L. M. V. and JONES C., 2001: A Satellite Method to Identify Structural Properties of Mesoscale Convective Systems Based on the Maximum Spatial Correlation Tracking Technique (MASCOTTE). *American Meteorological Society*, 40, 1683-1701.

DESBOIS, M., SEZE, G., and SZEJWACH, G., 1982: Automatic classification of clouds on Meteosat imagery: Application to high-level clouds. *Journal of Applied Meteorology*, 21, 401-412.

EBERT, E., 1987: A pattern recognition for distinguishing surface and cloud types in the polar regions. *Journal of Applied Meteorology*, 26, 10, 1412-1427.

FLOCAS, A. A., 1988: Frontal depressions over the Mediterranean Sea and central southern Europe. *Méditerranée*, 4, 43–52.

FRITSCH, J.M., R.J. KANE AND CHELIUS C.R., 1986: The contribution of mesoscale convective weather systems to the warm-season precipitation in the United States, *J. Climate Appl. Meteor.*, 25, 1333-1345.

KARLSSON, K. G., LILJSA, E., 1990: *The SHMI model for cloud and precipitation analysis from multispectral AVHRR data.* Technical report 10, Swedish Meteorological and Hydrological Institute.

KASSOMENOS, P., FLOCAS, H., LYKOUDIS, S., and PETRAKIS, M., 1998: Analysis of mesoscale patterns in relation to synoptic conditions over an urban Mediterranean basin. *Theoretical and Applied Climatology*, 59, 215–229.

KATSOULIS, B. D., 1980: Climatic and synoptic considerations of the Mediterranean depressions developing and passing over or near the Balkan Peninsula. *Proceedings of the 1st Hellenic–British Climatological Congress*, Athens, 1980 (Athens: Hellenic Meteorological Society), pp. 73–84.

KEY, J., BARRY, R. G., 1989: Cloud cover analysis with Arctic Advanced Very High Resolution Radiometer data, 1: Cloud detection. *Journal of Geophysical Research*, 94, 18521-18535.

KEY, J., 1990: Cloud cover analysis with Arctic Advanced Very High Resolution Radiometer data, 2: Classification with spectral and textural measures. *Journal of Geophysical Research,* 95, D6, 7661-7676.

MADDOX, R. A., 1980: Mesoscale convective complexes. *Bull. Amer. Meteor. Soc.,* 61, 1374–1387.

MAHERAS, P., 1979: *Climatologie de la mer Egée et de ses marges continentales.* Thèse d'Etat, Universite´ de Dijon.

MAHERAS, P., 1983: Les types de temps depressionaire pertubes au-dessus de la mer Egee. *Rivista di Meteorologia Aeronautica,* 43, 13–22.

MAHERAS, P., 1988a: The synoptic weather types and objective delimitation of the winter period in Greece. *Weather,* 43, 40–45.

MAHERAS, P., 1988b: Changes in precipitation conditions in the Western Mediterranean over the last century. *Journal of Climatology,* 8, 179–189.

MAHERAS, P., BALAFOUTIS, CH., and VAFIADIS, M., 1992: Precipitation in the central Mediterranean during the last century. *Theoretical and Applied Climatology,* 45, 209–216.

MAHERAS, P., PATRIKAS, I., KARACOSTAS, TH., and ANAGNOSTOPOULOU, CH., 2000: Automatic classification of circulation types in Greece: methodology, description, frequency, variability and trend analysis. *Theoretical and Applied Climatology,* 67, 205–223.

MAHERAS, P., FLOCAS, H. A., PATRIKAS, I., and ANAGNOSTOPOULOU, CH., 2001: A 40 year objective climatology of surface cyclones in the Mediterranean region: spatial and temporal distribution. *International Journal of Climatology,* 21, 109–130.

PREZERAKOS, N. G., 1985: The northwest African depressions affecting the south Balkans. *Journal of Climatology,* 5, 643–654.

RAO, P. K., HOLMS, S. J., ANDERSON, R. K., WINSTON, J. S., and LEHR, P. E., 1990: *Weather Satellites: Systems Data and Environmental Applications* (Boston: American Meteorological Society).

SEZE, G., DRAKE, F., DESBOIS, M., and HENDERSON-SELLERS, A., 1986: Total and low cloud amounts over France and southern Britain in the summer of 1983: comparison of surface-observed and satellite retireved values. *Int. J. Remote Sensing,* 7, 8, 1031-1050.

WELCH, R. M., 1988: Cloud field classification based upon high spatial resolution textural features 1: Gray level co-occurrence matrix approach. *Journal of Geophysical Research,* 93, D10, 12663-12681.

WELCH, R. M., SENGUPTA, S. K., 1992: Polar cloud and surface classification using AVHRR imagery: an intercomparison of methods. *Journal of Applied Meteorology*, 31, 405-419.

Páginas Web:

[Web 1]: http://weather.uwyo.edu/upperair/europe.html
[Web 2]: http://www.infomet.am.ub.es
[Web 3]: http://www.wetter-zentrale.de/topkarten

www.ingramcontent.com/pod-product-compliance
Lightning Source LLC
Chambersburg PA
CBHW081202280526
45791CB00006B/2162